당신은 너무 소중한 사람입니다.

_____ 님

everyday positive thinking

긍정의 생각 한 줄

EVERYDAY POSITIVE THINKING
by Louise L. Hay and Friends
Copyright ⓒ 2004 by Hay House, Inc.
Original English language publication 2004 by Hay House,
California, USA.
Korean translation rights arranged with Hay House, Inc., USA.
and Kyungsung Line. Korea through InterLicense, Ltd. USA
and PLS Agency Korea.
Korean edition right ⓒ 2014 by Kyungsung Line, Seoul.

이 책의 한국어판 저작권은 PLS와 InterLicense를 통한
저작권자와의 독점 계약으로 경성라인에 있습니다.
신저작권법에 의하여 한국어판의 저작권 보호를 받는 서적이므로
무단 전재와 무단 복제를 금합니다.

everyday positive thinking

긍정의 생각 한 줄

루이스 L. 헤이와 친구들 지음 | 김정우 옮김

밀라그로

■
이 책의 본문은 독자들에게 그대로 전달하기 위해 원문을 실었습니다. 행여 저자의 '의도의 오류'가 '번역의 오류'로 되어 있다면 독자들의 현명한 판단으로 재해석되기를 바람 니다.

* * *
저자의 말

이렇게 특별한 작가들이 곁에 있다니…….
우리는 정말 축복받았습니다.
이 책을 통해
당신의 매일의 생각을 변화시키고 지지해 줄
긍정의 말들을 함께 나누고 싶습니다.
모두 행복하길 바랍니다!
삶은 좋은 것이니까 말입니다!

The thoughts you choose to think and believe
right now are creating your future.
These thoughts form your experiences tomorrow,
next week, and next year.

지금 당신의 생각과 믿음이 미래를 결정한다.
그 생각과 믿음으로 내일과 다음 주,
그리고 내년의 모든 경험을 만들어갈 테니까 말이다.

- 루이스 L. 헤이 -

Release the need to blame anyone,
including yourself.
We're all doing the best we can with the
understanding, knowledge and awareness
we have.

자기 자신이나 누군가를
탓하고 싶은 마음을 놓아버려라.
우리는 모두 세상을 이해하고 받아들이려
최대한으로 노력하고 있기 때문이다.

- 루이스 L. 헤이 -

Send out love and harmony, put your mind
and body in a peaceful place, and then allow
the universe to work in the perfect way
that it knows how.

사랑과 조화로움을 발산하고,
마음과 몸을 평화롭게 해라.
그리고 세상이 나름의 완벽한 방식으로
흘러가도록 가만히 두어라.

- 웨인 W. 다이어 -

Intention is a force in the universe,
and everything and everyone is connected
to this invisible force.

※

의지는 세상에 존재하는 일종의 힘이다.
모든 것, 모든 사람들이 보이지 않는
이 힘에 연결되어 있다.

- 웨인 W. 다이어 -

Joy is a pure state of bliss, and it's attained
by bringing comfort and relief to other people.
Doing so will bring joy to your life every day.

※

기쁨은 순수한 축복의 상태이다.
다른 사람에게 평안과 안도감을
가져다줌으로써 느낄 수 있는 이 기쁨은,
우리의 삶을 나날이 기쁨으로 충만하게 해줄 것이다.

- 실비아 브라운 -

Milton said that within everyone,
there is heaven and there is hell.
Choose heaven—release the regret and the guilt.
Remember that through love, god will ease
your pain and cement you back together.

⁎

밀턴은 말했다.
모든 사람의 내면에는 천국과 지옥이 있다고.
후회와 죄책감을 놓아버리고 천국을 택하라.
신은 사랑을 통해 당신의 고통과 부서진 마음을
하나로 어루만져 줄 것이다.

- 실비아 브라운 -

To be successful in your chosen career or
work endeavor, you must release any present
karmic conditioning that declares,
"I can't do this."
you can!

※

당신이 선택한 일,
아니면 지금 하고 있는 일에 쏟아 붓고 있는
열정을 성공으로 바꾸려면 '난 할 수 없어.' 라는,
당신을 가로막는 것을 버려야만 한다.
당신은 할 수 있다!

- 디팩 초프라 -

When you recognize that you're a human
being who sometimes makes mistakes,
you won't get caught up in the illusion of
self-importance.

당신이 때때로 실수를 저지를 수 있는
인간이라는 점을 깨달으면,
자만이라는 환상에 빠지지 않을 수 있다.

- 디팩 초프라 -

The things that matter most in this world
are those that carry no price tag,
for they can neither be bought
nor sold at any price.

세상에서 가장 중요한 것들은
많은 돈을 주고도 살 수 없고 팔 수도 없는,
가격이 매겨지지 않은 것들이다.

– 수지 오먼 –

True generosity lies not in how much money
you have, but whether the money
you have coming in and going out passes
through your heart back out into the world.

진정한 관대함은
당신이 가진 돈에서 나오는 것이 아니라,
당신이 벌고 쓰는 돈이 진정한 마음에서 우러나와
세상으로 흘러들어가는 것인지에 달려 있다.

- 수지 오먼 -

When life presents more challenges
than you can handle, delegate to God.
He not only has the answer,
He is the answer.

※

삶이 감당하기 힘든 시련을 줄 때에는
모든 것을 신에게 위임해라.
신은 해답을 알고 있을 뿐 아니라,
그 자신이 해답이다.

– 태비스 스마일리 –

We're all here for a purpose.
Meditate on your mission, then use your gifts
and talents to live your life on purpose.
In doing so, you'll become an unending
magnet for miracles.

우리 모두에게는 존재의 목적이 있다.
당신의 임무가 무엇인지 곰곰이 생각해 본 후,
당신이 가진 재능과 능력을 한껏 살려
그 목적에 맞는 삶을 살아라.
이를 통해 기적을 끌어당기는
자석 같은 삶을 영원히 살 수 있다.

- 태비스 스마일리 -

In asking for miracles, we're seeking
a practical goal: a return to inner peace.
We're not asking for something
outside us to change,
but for something inside us to change.

기적을 바란다면
우선 우리는 합리적인 목표를 추구해야 한다.
바로 내면의 평화로움으로 돌아가는 것이다.
외부의 무언가가
우리를 바꾸도록 하는 것이 아니라
우리 안에서
우리를 바꿀 무언가를 찾아야 하는 것이다.

- 마리안 윌리엄슨 -

Life is like a book that never ends.
Chapters close, but not the book itself.
The end of one physical incarnation
is like the end of a chapter,
on some lever setting up the
beginning of another.

※

인생은 끝나지 않는 책과 같다.
챕터는 끝이 나겠지만,
절대 책이 끝나는 것은 아니다.
육체의 죽음은 이러한 챕터의 끝과 같아서,
그것은 다른 챕터의 시작을 준비하는 것과 같다.

- 마리안 윌리엄슨 -

Highly proactive people don't blame
circumstances, conditions, or conditioning
for their behavior.
Their behavior is a product of their
own conscious choice.

아주 적극적인 사람들은 상황이나 조건,
또는 그들의 행동을 제약하는 것들을 탓하지 않는다.
이들의 행동은
그들 자신의 의식적인 선택에 의한 것일 뿐이다.

- 스티븐 R. 코비 -

An abundance mentality flows out of a deep
inner sense of personal worth and security.
It stems from the paradigm that there's plenty
out there… and enough to spare for everybody.
It opens possibilities, options, alternatives,
and creativity.

풍요한 마음은 깊은 내면에 숨어 있는
개인의 가치와 안정감이 흘러나오는 것이다.
누구나에게 필요한 모든 것이
사방에 널려 있다는 패러다임에서 나오는
이 풍요한 마음은 가능성, 선택들, 대안과
창의성의 문을 열어준다.

- 스티븐 R. 코비 -

Look for things to feel good about,
and watch how everything in your life will
unfold to reflect that good-feeling vibration.

※

기분이 좋아지는 것들을 찾아라.
그리고 나서 당신의 삶의 모든 것들이
그 좋은 것들을 어떻게 내보이려고 하는지 보아라.

- 아브라함 힉스 -

Your decision to reach for a thought that
feels good is a powerful decision,
for it serves you in many ways.
The better-feeling thought reverberates
within you, opening passageways to
well-being that reach far beyond
this one good-feeling thought.

※

기분이 좋아지는 생각을 하겠다는 결정은
많은 면에서 강력하게 작용한다.
더 좋은 느낌의 생각이 당신 안에서 불러 일어나고
더 좋은 삶을 향한 길을 열어줄 것이다.

- 아브라함 힉스 -

Feeling stuck or indecisive?
Listen to your intuition and make a decision!

결정을 못 해 마음이 답답한가?
조용히 당신의 직관에 귀 기울여 결정을 내려보아라.

- 도린 버추 -

Surround yourself with positive people
and situations, and avoid negativity.

주변에는 긍정적인 사람들과
긍정적인 상황만 남겨두어라.
그리고 부정적인 것들은 피하라.

- 도린 버추 -

Say only what you mean.
Avoid using the word to speak against yourself
or to gossip about others.
Use the power of your word in the direction
of truth and love.

진심만을 말하라.
나 자신이 아닌 말은 입에 담지 말고,
다른 사람의 험담을 하는 일은 피하라.
진실과 사랑의 방향으로 말의 힘을 사용하라.

- 돈 미겔 루이스 -

The whole world can love you, but that love
will not make you happy.
What will make you happy is to share all the
love you have inside you.
That is the love that will make a difference.

온 세상이 당신을 사랑할 수는 있어도,
그 사랑이 당신을 행복하게 해주는 것은 아니다.
당신을 행복하게 만들어줄 수 있는 분명한 것은
당신 마음속 가득한 사랑을
주위의 이들과 함께 나누는 것이다.
그런 사랑만이 세상을 변화시킬 수 있다.

– 돈 미겔 루이스 –

It's easy to get lost in endless speculation.
So today, release the need to know
why things happen as they do.
Instead, ask for the insight to recognize
what you're meant to learn.

끝없는 추측 속에서는 길을 잃기 쉽다.
따라서 오늘날 어떤 일이
왜 자신에게 일어나는지 알려고 하지 마라.
대신에 그 일에서 배울 점이 무엇인지를
알아차릴 수 있는 통찰력을 구해야 한다.

- 캐롤라인 미스, 피터 오키오그로소 -

Mercy is a rare word, one hardly spoken.
What are merciful actions?
Not judging another; speaking with kind words;
thinking compassionate thoughts about others.
May acts of mercy come your way.

※

자비로움은 쉽게 말로 할 수 없는 단어이다.
자비로운 행동이란 무엇인가?
다른 사람을 함부로 판단하지 않는 것,
친절한 말을 하는 것,
다른 사람들을 인정 있게 대하는 것이다.
늘 자비로운 행동을 행하는 사람이 되기를 바란다.

- 캐롤라인 미스, 피터 오키오그로소 -

Know your thoughts and assumptions,
and realize that you may have
swallowed them whole.
Learn from your experiences.
Discard outdated beliefs and thoughts.

※

당신이 하고 있는 생각과 추측들을 돌아보아라.
혹시 그것들에 사로잡혀 있지는 않는가.
경험을 통해 배움을 얻고,
오래된 믿음과 생각들은 과감히 버려라.

- 브라이언 L. 와이스 -

Wisdom is achieved slowly
and is the active expression
of knowledge in your everyday life.
Loving service is the highest wisdom.

지혜는 서서히 얻어지는 것이며
매일 매일의 삶에서 얻어지는 지식이
강렬히 표현되는 것이다.
다른 이에게 도움을 주는 일을 사랑한다면,
이미 최고의 지혜를 가지고 있는 것이다.

- 브라이언 L. 와이스 -

Release your perfectionism.
The process of life is always changing.
Demanding perfection holds
the universe in a straitjacket.

완벽주의는 과감히 버려라.
인생이란 변화의 과정이다.
완벽함을 요구하는 것은
세상이 작동하지 못하도록 구속하는 일이다.

- 크리스티안 노스럽 -

A true partnership provides a safe
place to take risks.
It also encourages mutual growth
and evolution.

진정한 파트너십은
위험을 추구하는 일에도 안정감을 제공한다.
또한 진정한 파트너십이야말로
상호 성장과 진화가 싹트는 관계이기도 하다.

– 크리스티안 노스럽 –

The key to happiness is realizing
that it's not what happens
to you that matters,
it's how you choose to respond.

✧

행복으로 가는 열쇠는 당신에게 일어나는 일이
중요한 게 아니라는 것을 깨닫는 것에 있다.
중요한 것은 당신이 그것에
어떻게 반응하겠다고 생각하느냐이다.

- 키스 D. 해럴 -

You don't have to let what others
say affect you negatively.
Others may say the words,
but you choose your attitude.

다른 이들이 말하는 것이
당신을 부정적으로 이끌도록 내버려 두지 마라.
그들은 무슨 말이든 하겠지만,
결국 인생에 대한 태도를 결정하는 것은
당신의 몫이다.

- 키스 D. 해럴 -

Count your blessings.
A grateful heart attracts more joy, love,
and prosperity.

당신이 받은 축복을 헤아려보아라.
감사한 마음은 더 많은 기쁨과 사랑,
번영을 끌어당긴다.

- 쉐릴 리처드슨 -

Tell the truth.
Integrity is the key to living
an authentic life.

진실만을 말하라.
진실성이 바로 진정한 삶을 사는 열쇠이기 때문이다.

- 쉐릴 리처드슨 -

Tests of faith are various trials and hardships
that invite you to surrender something
of great value to God even when
you have every right not to.

믿음의 시험은 수많은 고난과 같다.
당신이 그러지 않기를 바랄지라도
그것은 신에게 가치 있는 무언가를
당신 곁에 두도록 한다.

- 브루스 윌킨슨 -

It doesn't matter whether you're short
of money, people, energy, or time.
What God invites you to do will always
be greater than the resources you start with.

※

돈, 인맥, 힘 또는 시간이 부족한 것은
문제가 되지 않는다.
당신의 시작이 아무리 곤궁해도
신이 당신에게 부여한 일은
언제나 그보다 더 위대할 테니까 말이다.

- 브루스 윌킨슨 -

Until today, you may have realized that
it's not loving to remain in situations that
aren't working for you, hoping they'll get better.
Just for today, realize that when you've done all
you can do, there's simply no more you can do,
and it's not healthy or productive to try!

당신은 상황이 나아지리라 기대하며
되지 않는 일에 매달려 있는 것이 좋은 것은
아니라는 것을 이제야 깨달았을지도 모른다.
단 오늘만이라도,
당신이 할 수 있는 능력껏 최선을 다했다면,
더 이상 할 수 있는 일은 없다는 것을 깨달아야 한다.
그 이상 노력하는 것은
건강에 도움이 되지 않을 뿐더러 생산적이지도 않다.

- 이안라 반젠트 -

How can you eliminate three things
from your lifelong "to-do" list?
Are you willing to shorten the list today?
Release yourself from the obligation
to do things that no longer hold
any meaning for you!

※

일생에 '하고 싶은 일의 목록'에서
어떻게 세 가지나 지울 수 있단 말인가?
오늘도 그 목록에서 자신이 할 수 있는 일을
또 삭제하려고 하는가?
당신에게 아무 의미 없는 의무에서 일단 벗어나라.

— 이얀라 반젠트 —

Women need to receive caring,
understanding,
and reassurance.
Men need to receive trust,
acceptance, and appreciation.

※

여자는 보살핌과 이해, 확신을 받아야 하는 반면,
남자는 신뢰, 인정, 감사를 받아야 하는 존재다.

- 존 그레이 -

Her biggest struggle is maintaining her
sense of self while expanding to serve
the needs of others.
His biggest struggle is overcoming
the tendency to be self-centered.

여자는 자아를 잃지 않으면서도
다른 사람들의 욕구를 충족시켜주고자 애를 쓴다.
반면 남자가 가장 애쓰는 것은
자기중심적인 경향을 극복하는 데에 있다.

- 존 그레이 -

Why organize?
When we're organized, our homes,
offices, and schedules reflect
and encourage who we are,
what we want, and where we're going.

※

왜 주변을 정돈하는가?
우리 자신이 스스로 정돈되어 있을 때,
우리 집과 사무실, 스케줄은
우리가 어떤 사람인지, 우리가 무엇을 원하는지,
우리의 목표가 무엇인지를
자연스럽게 반영하고 북돋아준다.

- 줄리 모건스턴 -

Start small.
If you've lived in chaos your entire life,
create one oasis of order for now—no matter
how small—and maintain it for one month
before moving on.

작게나마 시작하라.
만일 당신의 인생이 혼돈으로 가득한 것 같다면,
질서로 가득한 오아시스를 당장 하나 만들어라.
작아도 상관없다.
한 달간 잘 보살핀 뒤, 앞으로 나아가라.

- 줄리 모건스턴 -

God has a great race for you to run.
Under His care, you'll go where you've
never been and serve in ways
you've never dreamed.
But you have to release your burdens.

신은 당신이 뛸
위대한 레이스 경주를 준비해 놓았다.
그의 보살핌으로
당신은 한 번도 가보지 못한 곳에 갈 수 있고,
꿈꿔보지 못한 방식으로 쓰일 수도 있을 것이다.
당신이 해야 할 일은 먼저 짐을 내려놓는 일이다.

- 맥스 루케이도 -

Haven't you had enough change in your life?
Relationships change. Health changes.
The weather changes.
But the God who ruled the earth last
night is the same God who rules it today.

변화는 이미 충분히 겪지 않았는가?
건강의 변화도, 날씨의 변화도 말이다.
하지만 어제를 다스린 신은
오늘을 다스리는 신과 같다.

- 맥스 루케이도 -

Devote yourself to something or someone
and honor that choice—no matter what.

누군가를 위해,
또는 무언가를 위해 인생을 바치기로 했다면,
무슨 일이 있더라도 그 결정을 끝까지 존중하라.

- 셰리 카터 스콧 -

Find the inner strength required when
confronting danger, difficulty, or opposition.

내면의 강인함을 찾아라.
위험이나 어려움, 또는 반대에 직면했을 때
유용할 테니까 말이다.

- 셰리 카터 스콧 -

These are your times, bought and paid for
with thousands of years of incarnations
and work by your selves.
Claim this time!
You are empowered to do so.
This is why you are dearly loved.

지금 당신의 시간은
수천 년 동안 당신이 벌어 놓은 시간이다.
이 시간에 대한 권리를 주장하라!
당신은 그럴 권한이 있다.
그리고 그것이 바로 당신이 사랑받는 이유다.

- 크라이언 -

God is love, and love is the most powerful
force in the Universe.
It will protect and serve you.

※

신은 사랑이다.
그 사랑은 우주에서 가장 강력한 힘이다.
이 사랑이 바로 당신을 지켜주고 도와줄 것이다.

- 크라이언 -

Sometimes you just need a good scream.
Remember, a good "scream-a-logue" directed
at no one is often more effective than
a dialogue or monologue.

※

때때로 당신은 제대로 소리를 내지를 필요가 있다.
혼자서라도 제대로 소리를 내지르기만 하면,
때때로 이것은 독백이나 대화보다
더욱 큰 효과를 발휘한다는 것을 기억하라.

- 앤 윌슨 세프 -

Work can be used to justify abusing yourself
and others, or… work can be used to express
your creativity and spirituality.
The choice is yours.

※

일이란 자기 자신이나 다른 이들을 학대하는 것을
정당화하는 데 쓰일 수도 있고,
자신의 창의성이나 영성을 드러내는 데
쓰일 수도 있다.
선택은 당신의 몫이다.

- 앤 윌슨 셰프 -

Always know when you've pushed
beyond your limits,
and then bring yourself back to balance.

한계까지 자신을 밀어붙이면,
그 다음에는 다시 균형을 맞춰놓아야 한다는 것을
항상 기억하라.

- 레온 낵슨 -

Be genuinely concerned for the welfare
and growth of others.
Feel their strengths.

다른 이들의 안녕과 성장에
진심으로 마음을 기울여라.
그리고 그들의 강인함을 느껴보아라.

- 레온 낵슨 -

Each day, accept everything that
comes to you as a gift.
At night, mentally give it all back.
In this way, you become free.
No one can ever take anything from you,
for nothing is yours.

매일 당신에게 일어나는 모든 일을
선물처럼 받아들여라.
그리고 밤에는 마음으로 이에 보답하라.
이런 식으로 당신은 자유로워질 수 있다.
만약 당신이 가진 것이 없다면,
다른 이들이 당신에게 빼앗을 것도 없을 것이다.

- 다니엘 레빈 -

Feel the pain of others.
Understand their struggles and disappointments,
their hardships and inadequacies,
and open your heart to them.
Realize that everyone is doing the
best they possibly can.
Judge no one.
But rather, cradle all of humanity in your heart.

다른 이들의 고통을 느껴보아라.
그들의 몸부림, 실망, 고난과 부족함을 이해하고
그들에게 마음을 열어보아라.
그리고 모든 사람들이
저마다 최선의 노력을 하고 있다는 것을 인지하라.
아무도 판단하지 마라.
대신, 온 인류를 마음에 품어라.

– 다니엘 레빈 –

When you make the effort to pay attention
to the sights, sounds, smells, and sensation
around you, you're encouraging yourself
to live in the present moment.

눈에 보이는 것, 들리는 것,
느껴지는 것들에 집중하려고 할 때,
당신은 현재의 순간을 살려고 하는 것이다.

- 디팩 초프라 -

Be confident enough to be able to voice your
opinions without fear of recrimination.
As such, you will inspire the same
action in others.

비난에 대한 두려움 없이
자신의 의견을 말할 수 있는 자신감을 가져라.
이로써 다른 이들도 그들의 의견을 말하는 데에
용기를 얻을 수 있을 것이다.

- 디팩 초프라 -

When you're feeling fear with respect to money,
repeat to yourself; "I am strong,
I am strong, I am strength itself."
You will find that your anxiety will
be replaced by a new feeling of confidence.

돈에 대한 두려움이 생겨날 때, 스스로에게 외쳐라.
"나는 강하다. 나는 강하다. 나는 강함 그 자체다."
당신의 불안이 곧 자신감으로 바뀌는 것을
느끼게 될 것이다.

- 수지 오먼 -

When it comes to your money, do what makes
you feel safe, sound, and comfortable.
Trust yourself more than you trust others.
Believe it or not, you and you alone have the
best judgment when it comes to your money.

돈에 관한 한, 당신에게 안정감을 주고,
편하게 만들며 기쁘게 만드는 일을 하라.
그리고 다른 누구보다 자기 자신을 신뢰해야 한다.
당신이 믿을지는 모르겠지만,
당신이, 아니 당신만이 당신의 돈에 관한
최고의 결정을 내릴 수 있는 사람이다.

- 수지 오먼 -

Regardless of your race, religion,
or political affiliation, never hesitate
to question those in authority.

당신의 인종, 종교,
정치적인 소속이 어떻든 간에 상관없이,
절대 권위자를 의심하는 데 주저하지 마라.

- 태비스 스마일리 -

Avoid the enticement to be mean or argue.
Allow others to be right.
As far as you're concerned,
be peaceful with everyone you encounter.

※

못 되게 굴거나 언쟁을 하고 싶은 유혹에 빠지지 마라.
다른 사람들에게 그들이 맞을 때도 있다는 것을
보여주어라.
그리고 적어도 당신은, 마주치는 모든 이들에게
온화함을 보여주어라.

– 태비스 스마일리 –

A marriage is God's gift to a man and woman.
It is a gift that should then
be given back to Him.
A marriage can be a blessing on the world,
because it is a context in which two people
might become more than they
would have been alone.

결혼은 여자와 남자에게 내리는 신의 선물이다.
그리고 이것은 신에게 돌려드려야 하는
선물이기도 하다.
결혼은 세상의 축복이다.
두 사람이 혼자였다면 될 수 없을
더 나은 사람이 되도록 만들어주는 것이
바로 결혼이기 때문이다.

- 마리안 윌리엄슨 -

Personal growth can be painful,
because it can make us feel ashamed
and humiliated to face our own darkness.
But our spiritual goal is the journey out of
fear-based, painful mental habit patterns,
to those of love and peace.

※

개인의 성장은 고통스러울 수 있다.
부끄럽고 민망한 자신의 어둠을
마주해야 하기 때문이다.
하지만 우리의 영적인 목적은
공포를 기반으로 한
고통스러운 정신적 습관에서 벗어나
사랑과 평화로 나아가는 여정인 것이다.

- 마리안 윌리엄슨 -

Don't take insults personally, sidestep negative
energy, and look for the good in others.
You can utilize that good—as different as
it may be—to improve your point of view
and enlarge your perspective.

모욕을 개인적으로 받아들이지 말고
부정적인 에너지는 살짝 비껴 피하라.
다른 이들의 좋은 점을 보려고 하라.
당신이 발견한 그들의 좋은 점으로 인해
당신의 시각이 변화되며,
넓은 시야를 가진 사람으로 성장할 수 있다.

- 스티븐 R. 코비 -

Create affirmations with these basic ingredients:
They're personal, positive, in the present tense,
visual, and emotional.
Then each day, visualize the realization
of these affirmations.
You'll find that your behavior and circumstances
will change for the better.

확신을 얻고자 한다면 다음의 재료들을 활용하라:
그것들이 개인적인지, 긍정적인지, 현재 시제인지,
눈으로 볼 수 있는 것인지, 그리고 감정적인지.
그런 다음 매일 자신이 확신을 갖고 있는 것이
이루어진 모습을 마음에 그려보아라.
당신 자신의 행동과 주변 상황이
이전보다 훨씬 나아지는 것을 발견할 것이다.

– 스티븐 R. 코비 –

Trying to limit anybody about anything defies
the Laws of the Universe.
It cannot be done.
You cannot control others, but you can
control—and create—your own reality.

우주의 법칙에 위배되는 것을
하고자 하는 누군가를 제지하는 일.
이는 불가능한 일이다.
당신은 다른 사람을 통제할 수는 없다.
하지만 당신의 현실을 통제하고,
나아가 창조하는 일은 할 수 있다.

- 아브라함 힉스 -

You could have every disease known to man
within you today, and if you chose
different-feeling thoughts tomorrow,
they would all leave your body.
The key is to not give any unwanted
thing much attention.
When it doesn't feel good, turn your
attention someplace else.

오늘날 인간에게 알려진 모든 병에 걸렸다 해도,
이제 병에 걸린 것처럼
느끼지 않겠다고 생각하는 쪽을 택한다면,
모든 아픔이 몸에서 빠져나갈 것이다.
중요한 것은 원치 않는 것들에
신경을 쓰지 않는 것이다.
좋은 느낌이 아니라면,
주의를 다른 데로 돌려야 한다.

– 아브라함 힉스 –

Try different ventures and experiences as
a way to grow and learn.

성장과 배움의 길은 다양한 모험과 경험에 있다.

- 도린 버추 -

You're more powerful than you realize.
It's safe for you to be powerful!

당신은 생각보다 강한 존재다.
강해야 안전한 것이다.

- 도린 버추 -

Whatever people do, feel, think, or say,
don't take it personally.
Others are going to have their own opinion
according to their belief system, so whatever
they think about you is not about you,
but it is about them.

※

사람들이 무엇을 하고,
무엇을 느끼고 생각하며 말하든
사적으로 받아들이지 마라.
그들은 그들의 사고방식대로 의견을 말하는 것이다.
그러니 그들이 무엇을 말하든,
그것은 당신에 대한 것이 아니라
결국 그들 자신에 대한 것일 뿐이다.

- 돈 미겔 루이스 -

From now on, let every action, every reaction,
every thought, and every emotion
be based on love.
Increase your self-love until the entire dream
of your life is transformed from fear
and drama to love and joy.

이제부터 모든 행동과 반응,
모든 생각과 감정의 근원을 사랑에 두어라.
자신을 더욱 사랑하라.
당신의 모든 꿈이 고통과 환상에서 빠져나와
사랑과 기쁨으로 변할 때까지 말이다.

- 돈 미겔 루이스 -

Healing requires that you admit
the truth about yourself.
Is there someone you hate
or something you crave?
Are you an addict?
Recognizing your struggles is the
first step toward healing.

치유는 자신에 대한 진실을 인정하는 데서 시작한다.
미워하는 사람이나 갈망하는 무언가가 있는가?
무언가에 중독되어 있는가?
당신을 힘겹게 하는 것을 마주하는 일은
치유로 가는 첫 번째 발걸음이다.

– 캐롤라인 미스, 피터 오키오그로소 –

Consider this amazing possibility:
you incarnated on this earth just
to experience the joy of being alive.
Do you even know what gives you joy?
Do something about that today.

※

이 엄청난 가능성을 생각해 보아라:
당신은 살아 있음의 기쁨을 느끼기 위해
또다시 이 지구에 태어난 것이다.
무엇이 당신을 기쁘게 하는지 알고 있는가?
그렇다면 오늘 당장 그 일을 하라.

- 캐롤라인 미스, 피터 오키오그로소 -

You're not merely your physical self.
You existed before you came into your
physical body, and you will exist after you
leave your body.

당신의 존재는 육체에서 끝나지 않는다.
당신은 이 육체에 오기 전에도 존재했고,
이 육체를 떠난 뒤에도 존재할 것이다.

- 브라이언 L. 와이스 -

People are constantly changing and growing.
Don't cling to a limited, disconnected,
negative image of a person in the past.
See that person now.

사람들은 끊임없이 변화하고 성장한다.
과거에 제한되고, 속박된, 부정적인
자기 이미지에 갇혀 있지 마라.
그리고 그 사람이 어떻게 변했는지 다시 잘 보아라.

- 브라이언 L. 와이스 -

Acknowledge the consequences of failing
to express who and what you really are.
True self-expression is based
on self-examination, integrity, honesty,
and a willingness to change.

당신이 진정으로 어떤 사람인지
표현해 내지 못해 일어나는 결과를 잘 보아라.
진정한 자기표현은 스스로에 대한 반성, 진실성, 정직,
그리고 변하고자 하는 의지에서 나오는 것이다.

- 크리스티안 노스럽 -

Celebrate every relationship you've ever had.
For better or worse, your relationships
are your best teachers.

지금까지의 모든 만남을 축하해라.
좋든 나쁘든, 당신의 인간관계가
당신에게는 최고의 선생님이다.

- 크리스티안 노스럽 -

Attitude is the foundation and support
for everything you do.
It's the key element in the process
of controlling your destiny.

⁕

당신이 하는 모든 일에 기본이 되고
힘을 실어주는 것은 바로 당신의 태도다.
태도는 당신의 운명을 결정하는 핵심 요소이다.

- 키스 D. 해럴 -

For true happiness, look within yourself.
It's difficult to be happy if you rely
on outside resources.

진정한 행복을 바란다면,
먼저 당신의 내면을 들여다보아라.
당신이 외부에서 무언가를 바란다면,
행복은 다가오려 하지 않을 것이다.

- 키스 D. 해럴 -

Let go of the need to control.
Trust in the wisdom of a divine plan.

※

통제하려 하지 마라.
신의 계획 속에 지혜가 있다는 믿음을 가져라.

- 쉐릴 리처드슨 -

Honor your top priorities.
If it's not an absolute yes, then it's a no.

당신의 최고 우선순위를 소중히 여겨야 한다.
만약 그 무언가가
당신의 우선순위 목록에 있지 않다면,
망설임 없이 '노'라고 답하라.

- 쉐릴 리처드슨 -

God wants to hear your requests,
your worries, and your praise and thanks.
Risk being honest,
and expect His insight in return.

※

신은 당신의 요청,
근심과 기도와 감사를 듣기 원한다.
정직함을 무릅쓰고 구하라.
신의 통찰력을 얻을 것이다.

- 브루스 윌킨슨 -

Asking is the beginning of receiving.
Through a simple believing prayer,
you can change your future.
You can change what happens
one minute from now.

※

요청을 해야 받을 수 있는 것이다.
신실한 기도 하나로 미래가 달라질 수 있다.
1분 뒤부터 일어나는 일도
기도로 바꿀 수 있는 것이다.

- 브루스 윌킨슨 -

Until today, you may have been holding
on to secret thoughts and feelings.
You may have been afraid to open yourself
up to self-examination or outside scrutiny.
Just for today, be willing to release
those things stored in your heart
and mind that are causing you discomfort.

※

지금까지도 당신은 생각과 감정들을
비밀스럽게 담아두고 있을지도 모른다.
자신을 활짝 열고 성찰하기를 두려워하며
낱낱이 파헤쳐지는 것도 두려울 수 있다.
하지만 오늘만이라도 당신을 불편하게 하는
그런 것들을 꼭꼭 닫아둔 마음에서 해방시켜주자.

- 이얀라 반젠트 -

What would it take for you to forget
all your troubles?
Are you willing to simply forget
all your troubles today?
When you remove your attention from a problem,
it gets bored and moves away!

어떻게 하면 모든 고민들을 잊을 수 있을까?
당신은 오늘 당장의 모든 고민들을
쉽게 잊을 수 있는가?
당신이 문제를 무시해 버린다면
그 문제가 당신에게 금세 지겨워져서
다른 데로 가버릴 것이다.

– 이얀라 반젠트 –

A man scores points with a woman
if he does his best to contribute.
A woman scores points with a man if she lets
him off the hook when he makes a mistake.

남자는 여자에게 자신이 할 수 있는 한
최고의 도움을 제공하여 여자에게 점수를 딴다.
반면 여자는 잠깐 남자를 놓아주고
그들이 실수를 할 때 점수를 딴다.

- 존 그레이 -

When a woman becomes overwhelmed,
she retreats to her "well" to recharge.
When a man becomes angry, he needs
to go to his "cave" to cool off.

여자가 감정이 격해지면,
스스로 재충전하기 위해
충분한 여가 활동을 통해 휴식을 취한다.
반면 남자가 스트레스를 받으면,
그는 열을 식히기 위해
'동굴'에 들어가 있어야 한다.

- 존 그레이 -

Circulate dormant possessions.
Don't hang on to items you aren't using just
because you spent good money on them,
because if you ever need them again,
they'll probably find their way back to you.

※

잠들어 있는 소유물이라면 순환시켜라.
돈을 많이 투자한 것이라 해서
지금 쓰지 않는 물건들에 집착하지 마라.
다시 필요하게 되면,
제자리에 찾아올 테니까 말이다.

- 줄리 모건스턴 -

Remove the obstacles.
Untangle the clutter that's standing
between you and the productive,
fulfilling life that you crave.

장애물을 제거해라.
당신이 갈망하는 인생으로 가는 길에 방해가 된다면,
얽혀 있는 장애물들을 과감히 잘라버려라.

- 줄리 모건스턴 -

God sleeps through storms
and calms the winds with a word.
Cancer does not trouble Him,
and cemeteries do not disturb Him.
He was here before they came.
He'll be here after they're gone.

신은 폭풍우 속에 잠들고
한마디 말로 바람을 잠재운다.
암은 그에게는 문제가 되지도,
그를 괴롭히지도 못한다.
그는 그런 것들이 오기 전에도 존재했고,
그것들이 모두 가버린 뒤에도 남아 있을 것이다.

- 맥스 루케이도 -

Are you in prison?
You are if your happiness comes from
something you deposit, drive, drink, or digest.
Make a sincere effort to break out
of the prisons that confine you.

⁂

감옥 속에 있는가?
당신의 행복이 만약 예금해 놓은 것,
당신이 운전하는 것,
먹고 마시는 것들에서 비롯된다면
감옥에 있는 게 맞다.
당신을 구속하는 그 감옥에서 벗어나기 위해
진심을 다해 노력하기 바란다.

- 맥스 루케이도 -

Be confident and modest about your own merits,
and understand your limitations.

자신감을 가지되 자신의 가치에 대해서는
겸허한 자세를 유지하라.
그리고 자신의 한계가 무엇인지 알아라.

- 셰리 카터 스콧 -

Acknowledge that you are the source
of your manifestations.

당신이 바로 그 징후의 근원이라는 것을 깨달아라.

- 셰리 카터 스콧 -

Feeling stuck on your path?
Celebrate it!
Celebrate the knowledge that all is relative
and that you may be stopped
so that others may catch up.
Would you deny them the participation
in what you've created?

※

인생이란 길에서 오도 가도 못 하게 되어 답답한가?
축하할 일이다!
당신은 모든 것이 상대적이며,
다른 사람들이 당신을 따라잡을 수 있도록
잠시 멈춘 것뿐이라는 것을 알게 되다니
축하할 일이다.
설마 당신이 만들어가는 인생에
다른 이들이 참여할 기회를
주지 않으려는 것은 아닐 것이다.

— 크라이언 —

There's nothing that existed in your past
that cannot be changed now.
You are the creator of the past and the future.
Therefore, you create the whole now,
even the things that you feel
are unchangeable.

당신의 과거에 일어난 일 중 어떤 것도
'지금 이 순간' 바꾸지 못할 것은 없다.
당신이 과거와 미래의 창조자이기 때문이다.
완전히 새로운 '지금 이 순간'을 만들어라.
바꿀 수 없다고 생각하는 것조차 새롭게 말이다.

– 크라이언 –

Have compassion for your parents childhoods.
Know that you chose them because they were
perfect for what you had to learn.
Forgive them and set them free.

※

부모님의 어린 시절에 대해 연민을 느껴보아라.
당신은 그들에게 분명히 배울 것이 있기 때문에
그들을 선택한 것이기 때문이다.
그들을 용서하고, 자유롭게 풀어주어라.

- 루이스 L. 헤이 -

Know that you are the perfect age.
Each year is special and precious,
for you shall only live it once.
Be comfortable with growing older.

지금이 완벽한 나이라는 것을 알아야 한다.
매년이 특별하고 소중하다.
인생이란 한 번밖에 살지 못하는 것이기 때문이다.
나이가 든다는 것에 대해 편하게 생각하라.

- 루이스 L. 헤이 -

The intention of this universe is manifested
in zillions of ways in the physical world,
and every part of you, including your soul,
your thoughts, your emotions,
and your physical body are a part of this intent.

우주의 의도는 실체적인 세상에서
끝없이 많은 방식으로 드러난다.
심지어 당신의 영혼도, 당신의 생각과 감정도,
그리고 육체조차도 모두 우주가 의도하는 것이다.

- 웨인 W. 다이어 -

Act as if anything you desire is already here.
Believe that all that you seek you've already
received, that it exists in spirit,
and know you shall have your desires filled.

바라는 것을 이미 가지고 있는 사람처럼 행동하라.
구하고 있는 것을 이미 얻었다고 믿어라.
그것들이 너의 영혼 안에 존재하고 있다고 믿어라.
갈망이 채워질 것이라는 것을 믿어라.

- 웨인 W. 다이어 -

People may try to ruin your reputation,
and this can hurt.
But remember, it can only hurt your feelings.
The world will forget, so don't hold on to
bad publicity or what others say.
You and God know the truth,
so let the rest of it go.

※

사람들은 너의 명성에 흠을 내려할 것이고,
또 너는 상처를 받을 것이다.
하지만 기억하라.
그건 단지 너의 기분을 해할 뿐이다.
세상은 곧 잊을 것이니,
평판이 떨어진 것이나 다른 사람들이 말하는 것들을
가슴에 담아둘 필요는 없다.
진실은 신과 당신이 알고 있으니,
진실이 아닌 것들은 흘러가게 내버려 두어라.

- 실비아 브라운 -

If you don't move your body,
your brain thinks you're dead.
Movement of the body will not only clear out the
"sludge," but will also give you more energy.
Treat your body like a car—keep it tuned up
and it will run for a very long time.

※

몸을 움직이지 않으면,
뇌는 당신이 죽었다고 생각할 것이다.
몸의 움직임은 마음속 찌꺼기를 치우는 역할을 하고,
더 많은 에너지를 줄 수도 있다.
몸을 자동차처럼 관리하라.
잘 조율해 놓아야 오래간다.

– 실비아 브라운 –

The greatest secret to making money
and being successful is helping other
people make money and be successful.

※

돈을 벌고 성공하는 가장 큰 비결은
다른 사람들이 돈을 벌고 성공하도록 돕는 것에 있다.

- 디팩 초프라 -

The small things you do every day—smiling
at a stranger or paying someone a compliment—
bring you closer to your spiritual truth,
the purity of your soul.

※

당신이 매일 하는 조그마한 일들,
낯선 이에게 살짝 웃어주는 것과
누군가에게 작은 칭찬을 하는 일들이
영적인 진실과 영혼의 순수함에
더욱 다가가게 하는 일들이다.

- 디팩 초프라 -

Financial freedom comes when you take care
of the people and the places around you,
and you offer your services to God.

※

경제적인 자유는
주위 사람들과 신께 봉사할 때 찾아온다.

- 수지 오먼 -

Money enables you to make choices,
and the choices you make with your money
ultimately add up to your values.
If follows, too, that how much money you have
will mirror how much you value your money.

돈이 있으면 선택이 가능해진다.
돈을 어디에 쓸지에 대한 선택은
결국 당신이 가치 있게 여기는 것들을 보여준다.
거꾸로, 쓰지 않고 가지고 있는 돈은
결국 당신이 돈을 얼마나 가치 있게 여기는지를
그대로 반영하는 셈이다.

- 수지 오먼 -

Loosen up.
You are never too old, too professional,
or too accomplished to laugh and be silly.
Allow yourself to play.
Let your inner child out and enjoy your life.

긴장을 풀어라.
나이가 들고 전문가가 되었으며 성공했다고 해서
실없이 굴고 깔깔댈 수 없는 것은 아니다.
즐거운 시간을 보내라.
당신 내면에 숨어 있던 아이가 뛰어나오게 하라.
인생을 즐겨라!

– 태비스 스마일리 –

Be open, honest, and honorable
in all your endeavors.
Establish high standards, principles,
and values for yourself, then kick it up a level.
In everything you do, be true to you.

어떤 일을 추구하든 마음을 열고,
정직하며 의로움을 따라라.
기준과 원칙, 그리고 스스로에 대한 가치는 높이 쌓고,
수준을 한 단계 높이는 것이다.
행하는 모든 일에 있어, 스스로에게 진실해야 한다.

- 태비스 스마일리 -

Look into the faces of the people you see in
public each day, and silently say: "The light of
God in me salutes the light of God in you."
Do it for five minutes minimum.
I defy you to do this each day
and not be happy.

※

매일, 지나치는 사람들의 얼굴을 보며
나지막이 말해 보아라.
"내 안의 신의 은총이 당신 안의 신의 은총에게 인사한다."
적어도 5분 동안은 그렇게 해보아라.
이렇게 하고도 행복하지 않을 수는 없을 것이다.

– 마리안 윌리엄슨 –

Intimacy means that we're safe enough
to reveal the truth about ourselves
in all its creative chaos.
If a space is created in which two people
are totally free to reveal their walls,
then those walls, in time, will come down.

친밀감이란 우리 내면의 말도 안 되는 엉망인 모습을
진실하게 드러내고도 안심할 수 있는 마음이다.
두 사람이 서로의 벽을 보여주며
완전히 자유로울 수 있는 곳에서는,
이윽고 그 벽들이 저절로 무너져 내린다.

- 마리안 윌리엄슨 -

Your example flows naturally out of your
character, the kind of person you truly are.
Your character is constantly radiating
and communicating.
From it, others come to instinctively trust
or distrust you and your actions.

당신이 어떤 사람인지는
자연스럽게 배어 나오게 되어 있다.
당신의 천성은 끊임없이 빛을 발하며
당신이 어떤 사람인지 이야기한다.
이를 통해 다른 이들은 당신을 신뢰할지 말지를
직감적으로 결정하는 것이다.

- 스티븐 R. 코비 -

Contribute to others through your work, your
friendships, and through anonymous service.
Your concern need only be blessing
the lives of others.
Influence, not recognition,
becomes the true motive.

※

일을 할 때나, 친구 관계에서나
심지어 익명으로도 항상 다른 이들을 도와야 한다.
다른 이들의 삶에 도움이 되는 것만을 생각해야 한다.
인정을 받고 싶어서가 아니라
진정 도움이 되고 싶어서 행해야 한다.

- 스티븐 R. 코비 -

No one can create in your experience,
for no one can control
where you direct your thoughts.
On the path to your happiness,
you will discover all you want
to be, do, or have.

※

당신의 경험을 만들어줄 수 있는 사람은 아무도 없다.
아무도 당신의 생각이 어느 방향으로 향할지
억지로 조정할 수 없기 때문이다.
당신이 행복으로 가는 길에는
오직 당신이 되고자 하는 것, 하고자 하는 것,
또는 갖고자 하는 것만이 있을 것이다.

- 아브라함 힉스 -

Even though you will return home at the end
of any vacation, the idea of your holiday is not
to complete it as quickly as possible so that
you can check it off of your list.
The idea of your vacation—and of this life—
is to have a joyous experience.

※

휴가의 끝에는 집으로 돌아오지만,
휴가에 대한 생각은 그렇게 빨리 가시지 않는다.
휴가, 그리고 삶에 대한 생각을 하는 것은
즐거운 경험이어야 한다.

- 아브라함 힉스 -

Let go of small thoughts about yourself!
See yourself succeeding.

자신에 대한 사소한 것들에 얽매이지 마라.
성공으로 향하는 모습만을 그려라.

- 도린 버추 -

Make time to relax, be still,
and enjoy your solitude,
indulging in much-needed self-care.

차분히 휴식할 시간을 만들어,
자신만을 돌보는 그 시간 속에 마음껏 고독을 즐겨라.

- 도린 버추 -

When you surrender and let go of the past, you
allow yourself to be fully alive in the moment.
Letting go of the past means that you can enjoy
the dream that is happening right now.

당신이 마음을 내려놓고 과거를 떠나보낼 때,
지금 이 순간에 충만하게 살아 있는 것이다.
과거를 내려놓는 일이야말로
지금 이 순간 당신의 꿈이 이루어지는 것을
즐길 수 있다는 것을 뜻하니까 말이다.

- 돈 미겔 루이스 -

Take the responsibility to make
new agreements with those you love.
If an agreement doesn't work, change that
agreement and create a new one.
Use your imagination to explore
the possibilities.

※

사랑하는 이들과 약속을 할 때는 책임감 있게 하라.
지켜지지 않는 약속이라면,
약속을 변화시켜 새로운 약속을 만들어내야 한다.
상상력을 발휘해 지켜질 수 있는 약속을 만들어보아라.

- 돈 미겔 루이스 -

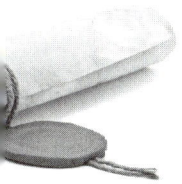

Here's a task:
be the bearer of only good news today.
In living out this task,
note whether you find it
difficult to maintain.
And if so, discover why within yourself.

오늘의 임무:
좋은 소식만을 전하기.
임무 실행 시, 해내기 어려운 일인지 주목할 것.
만일 해내기 어렵다면,
그 이유를 자신의 내면에서 찾아낼 것.

– 캐롤라인 미스, 피터 오키오그로소 –

Forgive one person today.
Open your heart to that person,
and release unnecessary suffering
from the past.
Feel the peace that follows
from this simple act.

오늘 꼭 한 사람을 용서하라.
그 사람에게 마음을 열고,
과거에 받았던 고통을 풀어주어라.
이 간단한 행동으로
평화가 찾아오는 것을 느껴보아라.

- 캐롤라인 미스, 피터 오키오그로소 -

You can only control your reactions
and attitudes to what happens to you.
You cannot control the actual events.
Learn the difference.

※

당신은 일어난 일에 대한 반응과
태도만을 통제할 수 있을 뿐이다.
실제 일어나는 일 자체는 통제할 수 없다.
그 차이를 알아야 한다.

- 브라이언 L. 와이스 -

Love is the energy from which all people
and things are made.
You are connected to everything
in your world through love.

⁕

사람이 탄생하고 사건이 발생하는
모든 근원에는 사랑이 있다.
사랑을 통해 세상의 모든 것과 연결되어 있는 것이다.

- 브라이언 L. 와이스 -

Identify the difference between
self-nurturance and addiction.
Many individuals engage in addictive behaviors
or take addictive substances to cover up
emotions they can't handle.

자신을 돌보는 것과 중독에는 차이가 있다.
많은 사람들이 중독적인 행동에 빠져들고
중독성 있는 것들을 취하며
어찌할 수 없는 감정들을 숨기려 든다.

- 크리스티안 노스럽 -

Take yourself and your creative life seriously.
Make time for self-expression.
Be disciplined.
This is the way to develop
your unique gifts and talents.

※

당신과 당신의 창조적 삶을 진지하게 여겨라.
자기표현을 위한 시간도 내어보고,
절제와 원칙을 길러라.
당신의 고유한 재능과 재주를
발달시키는 방법이니 말이다.

- 크리스티안 노스럽 -

There are two kinds of people in the world: those
who pull you up and those who pull you down.
Identify the people who pull you up
and show them an attitude of gratitude.

※

세상에는 두 종류의 사람이 있다.
당신을 끌어올리는 사람,
그리고 당신을 끌어내리는 사람.
누가 당신을 끌어올리는지 판단하여
그들에게 감사를 표하라.

- 키스 D. 해럴 -

Empowering beliefs strengthen you.
Today, create and focus
on three empowering beliefs
that contribute to your positive attitude.

※

힘을 주는 믿음은 당신을 강하게 만든다.
오늘, 긍정적 태도에 힘을 실어주는
믿음 세 가지를 만들고, 그것들에 집중하라.

- 키스 D. 해럴 -

Care for your body.
Self-love and self-acceptance are the
ultimate acts of self-care.

몸을 소중히 해라.
자신을 사랑하고 받아들이는 것은
자신을 돌보는 궁극적 행위이다.

- 쉐릴 리처드슨 -

Set a goal, write it down,
and release the outcome.
Small steps make a big difference

※

목표를 설정하고 적은 뒤, 결과를 공개하라.
작은 실천들이 큰 변화를 만들 것이다.

- 쉐릴 리처드슨 -

Once you realize what God's invisible hand
is doing in your life—and you then respond
positively—you'll begin to flourish right away.
And you'll wonder why you settled
for so little for so long.

※

눈에 보이지 않는 신의 손이
당신의 인생에 끼치는 영향을 깨닫고
이에 긍정적으로 답하게 되는 순간,
번영이 꽃필 것이다.
그동안 왜 그토록 작은 것에 안주하고 연연했는지
궁금해지기도 할 것이다.

- 브루스 윌킨슨 -

You'll make a huge spiritual leap forward
when you begin to focus less on beating
temptation and more on avoiding it.

유혹을 참는 것보다는
유혹을 피해 버리는 일에 집중하는 순간,
거대한 정신적 도약을 이루는 것이 된다.

- 브루스 윌킨슨 -

How do you allow others to violate
your boundaries?
Are you willing to secure your boundaries today?
Boundaries can only keep you safe
if you let others know that they exist.

※

어떻게 하면 사람들이
당신의 경계를 침해하도록 가만히 둘 수 있는가?
오늘은 그 경계를 지키고 싶은 마음이 있는가?
경계란 다른 이들이 그것이 존재한다는 것을
알 때에만 당신을 지켜줄 수 있는 것이다.

- 이얀라 반젠트 -

Until today, you may have sacrificed
your peace of mind and spiritual balance
to pursue material wealth.
Just for today, examine whether your
quest is a curse or a blessing.

이제까지 당신은 마음의 평화와
물질적인 부귀를 좇고 싶은 마음에의
정신적인 균형을 희생해 왔을지도 모른다.
오늘 하루 만이라도, 자신이 추구하는 것이
저주가 될지 축복이 될지 헤아려보기 바란다.

— 이안라 반젠트 —

When you accept the fact that the only
constant is change, you'll no longer
be willing to do damage to yourself
and others by refusing to accept it.
Welcoming change is welcoming life.

유일하게 변함없는 것은 변화라는 사실을 받아들일 때,
당신은 더 이상 스스로에게나 남들에게
해를 가하지 않게 된다.
변화를 환영하는 것이 인생을 환영하는 길이다.

- 앤 윌슨 셰프 -

When your children don't fit in to your
fantasies of who you thought
they should and would be,
it could be a compliment to you.

당신의 아이들이
잘 어울릴 것이라 생각했던 상상 속 스토리에
잘 적응하지 못하는 듯 보일 때,
그것은 오히려 당신에 대한 칭찬이라 보면 된다.

- 앤 윌슨 셰프 -

A woman's sense of self is defined through her
feelings and the quality of her relationships.
A man's sense of self is defined through
his ability to achieve results.

※

한 여성의 자아감은
그녀의 감정이나 인간관계의 질에 의해 결정된다.
반면 남성의 자아감은
결과를 성취하는 그의 능력에 의해 결정된다.

- 존 그레이 -

Women thrive on communication
because it nurtures their female side.
Men thrive on appreciation because it
nurtures their male side.

여자들은 이야기하기를 좋아한다.
그것이 여성적인 면을 길러주기 때문이다.
반면, 남자들은 감사받기를 좋아한다.
그것이 남성적인 면을 길러주기 때문이다.

- 존 그레이 -

Give yourself rewards for getting through
various stages of a project.
Treat yourself to a movie, call a friend,
or go for a walk.

※

주어진 과제의 다양한 단계를 끝마치는 것에 대해
스스로에게 보상을 주어라.
영화를 보든지, 친구에게 전화를 걸든지,
또는 산책을 나가는 일도 좋다.

- 줄리 모건스턴 -

Set your own pace.
Some people thrive on huge, dramatic change.
Some people prefer the slow and steady route.
Do what's right for you.

자신만의 속도를 설정하라.
어떤 사람들은 엄청 크고 급격한 변화를
꿈꾸기도 한다.
반면 또 몇몇은 느리고 꾸준한 길을 가려고 한다.
당신에게 딱 맞는 속도를 찾아라.

- 줄리 모건스턴 -

God will do the right thing at the right time.
And what a difference that makes!
Since you know that His provision is timely,
you can enjoy the present.

⁎

신은 옳은 순간에 옳은 일을 하실 것이다.
그리고 이것은 큰 차이를 만든다!
신께서 때맞춰 준비하실 것이니,
당신은 현재를 즐기면 된다.

- 맥스 루케이도 -

Demanding respect is like chasing a butterfly.
Chase it, and you'll never catch it.
Sit still, and it may light on your shoulder.

※

남이 나를 존중해 주길 기대하는 것은
마치 나비를 쫓는 것 같다.
당신이 나비를 쫓아도 절대로 손에 넣을 수는 없다.
당신이 가만히 앉아 있으면,
나비는 당신의 어깨에 살포시 앉을 것이다.

– 맥스 루케이도 –

Consider that there's more than
enough for everyone.

누구나 충분한 것 이상으로
성취할 수 있음을 기억하라.

- 셰리 카터 스콧 -

Access your highest and deepest degree
of knowledge, insight, and understanding.

당신의 지식과 통찰력, 이해력의 폭을
최대로 넓혀라.

- 셰리 카터 스콧 -

If you wait until you become perfect
before you love yourself,
you'll waste your whole life.
You're already perfect
right here and right now.

※

자신이 완벽해야만 자신을 사랑할 수 있다면,
당신은 온 인생을 낭비하게 될 것이다.
당신은 있는 그대로 완벽하다.

– 루이스 L. 헤이 –

We are all students and teachers.
Ask yourself: "what did I come here to learn,
and what did I come here to teach?"

우리는 모두 제자이면서 스승이다.
스스로 물어보아라.
"나는 무엇을 배우고, 무엇을 가르치려고 태어났는가?"

- 루이스 L. 헤이 -

Everything you are against can be restated in
a way that puts you in support of something.
Instead of being at war, be at peace; instead
of being against poverty, be for prosperity.

당신이 적대하는 모든 것을
다른 것을 옹호하는 방식으로 다시 설명할 수 있다.
전쟁에 반대하는 대신, 평화를 옹호하고,
가난을 적대하는 대신, 번영을 옹호하라.

- 웨인 W. 다이어 -

If you don't love yourself, nobody else will.
Not only that—you won't be good
at loving anyone else.
Loving starts with the self.

※

당신이 자신을 사랑하지 않으면,
아무도 당신을 사랑해 주지 않을 것이다.
게다가 당신도 아무도 사랑해 줄 수 없다.
사랑은 자신을 사랑하는 것에서 시작한다.

- 웨인 W. 다이어 -

Lies corrupt the soul.
When you lie,
you not only deceive someone else,
you fool yourself as well.
Spirituality is found in truth.

거짓말은 영혼을 타락시킨다.
거짓말하는 사람은
상대방을 속일 뿐 아니라, 자신도 속인다.
영적인 삶은 오로지 진실에서만 찾을 수 있다.

– 실비아 브라운 –

Treat your body with respect by feeding
it nourishing and nutritious foods.
If you're good to your body,
it will be good to you.

※

당신의 몸을 존중한다면,
영양이 풍족한 음식을 섭취하라.
당신이 몸을 이롭게 한다면,
몸도 당신을 이롭게 할 것이다.

- 실비아 브라운 -

When you recognize that your emotions,
as well as others, can be capricious at times,
you are better able to forgive and forget.

✲

자신의 감정이 타인의 감정처럼
때때로 변한다는 것을 이해한다면,
당신도 더 쉽게 용서하고 잊을 수 있다.

- 디팩 초프라 -

Good luck happens when an opportunity
presents itself.
Meet it with preparedness.

기회가 있는 곳에 행운도 따른다.
준비함으로써 행운을 맞으라.

- 디팩 초프라 -

Your financial life is like a garden.
If you tend a garden carefully—nourishing
the flowers, pruning and weeding—it's going
to be a lot more beautiful than if you simply
water it halfheartedly now and then.

※

경제생활은 정원과 같다.
당신이 주의를 기울이면서, 꽃을 기르고,
가지를 치고, 씨앗을 심는다면,
이따금 슬슬 물이나 주는 것보다
정원은 훨씬 아름다워질 것이다.

- 수지 오먼 -

Money on its own has only
the power to languish.
You are the one who gives it the power to grow.
Remember, your money is only as powerful…
as you are powerful over your money.

※

당신이 돈을 가만히 놓아두면,
돈은 시들해질 수밖에 없다.
당신은 돈을 키울 수 있다.
당신이 돈을 압도하는 만큼
돈도 힘을 얻게 된다는 것을 기억하라.

- 수지 오먼 -

You are your world.
Say what you will do, and do what you say.
Never call your word into question with lies,
deceit, or misrepresentation.
Create credibility by honoring your word.

※

당신은 당신이 내뱉은 말 그 자체이다.
하고자 하는 바를 말하고, 말한 대로 행하라.
절대로 거짓말하거나 속이거나 기만함으로써
자신이 한 말을 시험에 들게 하지 마라.
당신이 한 말을 지킴으로써 신뢰를 얻을 수 있다.

- 태비스 스마일리 -

Know that everything you do comes back to you.
Step outside yourself and consider the
consequence before you make a move.
If your action will bring peace to yourself
and others, it's the right thing to do.

자신이 행한 일은 반드시 자신에게 돌아온다.
어떤 일을 하기 전에는 반드시 한 발 물러나
당신이 하려고 하는 일의 결과를 생각해 보아라.
당신이 하려는 일이 자신과 다른 사람 모두에게
평화를 가져다준다면, 옳은 일이다.

- 태비스 스마일리 -

Your generosity toward others is key
to your positive experiences in the world.
Know that there's enough room for everyone
to be passionate, creative, and successful.
In fact, there's more than room for everyone;
there's a need for everyone.

세상에서 긍정적인 경험을 하고 싶다면,
다른 사람에게 관용을 베풀어라.
누구든 열정을 갖고, 창의적으로,
성취하며 살아갈 수 있다.
아니, 누구든 그렇게 살아갈 필요가 있다.

- 마리안 윌리엄슨 -

No matter what the illness or addiction
or distorted physical expression, its cause
is in the mind, and only there can it be healed.
The greatest power you're given
by God is the power to change your mind.

※

모든 질병과 중독, 왜곡된 행위는
원인이 마음에 있으며,
따라서 거기서부터 치료해야 한다.
신이 인간에게 주신 가장 위대한 능력은
마음을 바꿀 수 있다는 것이다.

- 마리안 위리엄슨 -

Decide what your highest priorities are,
and have the courage and independent
willpower to say no—pleasantly, smilingly,
and unapologetically—to the things
that are less important to you.

※

당신이 가장 중요하게 생각하는 것을 정하라.
그리고 중요하지 않다고 생각하는 것에
'아니오.' 라고 즐겁게, 웃으면서,
미안해하지 않으면서 말할 수 있는
용기와 독립심을 가져라.

- 스티븐 R. 코비 -

Meditate, engage in daily prayers,
read uplifting books, commune with Mother
Nature—in some way try to remove yourself
from the discord of the everyday world
that invades your sense of inner peace.

매일 명상하고, 기도하고,
용기를 주는 책들을 읽고, 대자연과 교감하라.
그럼으로써 당신 내면의 평화를 깨뜨리는
일상의 요소들로부터 거리를 둘 수 있다.

- 스티븐 R. 코비 -

Selfishly seek joy, because your joy
is the greatest gift you can give to anyone.
Unless you are in your joy,
you have nothing to give anyway.

이기적으로 기뻐하라.
기쁨은 당신이 다른 사람에게 줄 수 있는
가장 큰 선물이다.
당신이 기쁘지 않으면, 당신이 다른 사람에게
베풀 수 있는 것은 아무것도 없다.

- 아브라함 힉스 -

You are not here to fix anything,
because nothing is broken, but everything
is continually changing and expanding.
Release your struggle, and seek joy and fun,
and in doing so, you will align with the
fantastic expanding rhythm of this Universe.

※

처음부터 고장 난 것이 없으니,
당신이 고쳐야 할 것도 없다.
다만, 모든 것은 끊임없이 변하고 확장할 뿐이다.
분투를 멈추고, 기쁘고 즐거운 일을 찾아라.
그러면 우주가 확장하는 속에서 당신도 확장할 것이다.

- 아브라함 힉스 -

Allow others to give you loving care.
Receive without guilt or apologies.

✷

다른 사람이 당신을 사랑하고 돌볼 수 있도록 허락하라.
사랑받는 동안에 죄책감을 느끼거나 미안해하지 마라.

- 도린 버추 -

Say positive affirmations each morning
to open the gates of manifestation.

매일 아침, 확신을 갖고 긍정의 말을 내뱉어라.
말이 씨가 된다.

- 도린 버추 -

Find the courage to ask for what you want.
Others have the right to tell you yes or no,
but you always have the right to ask.
Likewise, everybody has the right to
ask you for what they want,
and you have the right to say yes or no.

※

원하는 것을 부탁할 수 있는 용기를 가져라.
상대방은 허락하거나 거절할 권리가 있으며,
당신은 언제나 부탁할 권리가 있다.
마찬가지로 다른 사람도 원하는 것을
당신에게 부탁할 권리가 있으며,
당신은 허락하거나 거절할 권리가 있다.

- 돈 미겔 루이스 -

The supreme act of forgiveness is
when you can forgive yourself for all the
wounds you've created in your own life.
Forgiveness is an act of self-love.
When you forgive yourself, self-acceptance
begins and self-love grows.

※

최고의 용서는
일생 동안 입은 상처를 깨끗이 용서하는 것이다.
용서는 자신을 사랑하는 행위이다.
자신을 용서하면,
자신을 있는 그대로 받아들이게 되고,
자기애가 피어난다.

- 돈 미겔 루이스 -

We often blind ourselves to beauty precisely
because it inspires us to go beyond ourselves.
Today, find only beauty, especially when your
first instinct is to be critical of someone,
something, or some opportunity.

※

아름다움에 빠지면 자제력을 잃기 때문에
우리는 종종 아름다움을 멀리하곤 한다.
만약 지금 당신이 본능적으로 누군가를,
어떤 것을, 어떤 기회를 비판적으로 바라보고 있다면,
오직 아름다움에 빠져보아라.

- 캐롤라인 미스, 피터 오키오그로소 -

Ask yourself, "what are my desires?"
Then ask, "what are my genuine needs?"
Discover how casually you desire things
that have no real value for you.
Then you'll realize how easily you
lose your power.

※

스스로 물어보아라.
"내가 원하는 것이 무엇인가?"
다시 물어보아라.
"내게 진정 필요한 것은 무엇인가?"
당신이 무심코 필요 없는 것을
원하고 있음을 깨닫게 될 것이다.
그리고 그것 때문에
당신이 쉽게 힘을 잃는다는 것도 깨닫게 될 것이다.

– 캐롤라인 미스, 피터 오키오그로소 –

To reach out with love, to do your best
and not be so concerned with results
or outcomes—that's the way to live.

사랑을 베풀고, 최선을 다하며,
결과에 연연하지 마라.
그것이 인생이다.

- 브라이언 L. 와이스 -

In this world, you learn through relationships,
not things.
You can't take your things with you
when you leave.

※

물질이 아니라,
오직 관계에서만 세상을 배울 수 있다.
당신이 세상을 떠날 때,
소유물을 함께 가져갈 수는 없다.

- 브라이언 L. 와이스 -

Become a lifelong learner.
Expose yourself to new ideas.
Take classes regularly.
Resolve to remain teachable throughout
your life.

※

평생 공부하라.
새로운 생각들을 끊임없이 접하라.
정기적으로 수업도 들으라.
평생토록 배우는 사람이 되겠다고 다짐하라.

- 크리스티안 노스럽 -

Your surroundings, home, personal care, pets,
clothing, and body are all reflections
of how you see and express yourself.
Do these reflect your true self?

※

당신이 둘러싸인 환경, 살고 있는 집, 관심사,
애완동물, 옷차림, 몸 상태 등이
모두 당신이 세상을 바라보고
자신을 표현하는 방식을 드러내준다.
지금 이 모든 것들이 당신의 참모습을 드러내는가?

- 크리스티안 노스럽 -

Goals are tools for focusing on your life
and for inspiring you to take action.
Today, determine the worth of your goals…
because everything you want may not
actually be worth having.

※

목표는 삶에 집중하고
적극적으로 행동하기 위한 도구이다.
지금 당신이 갖고 있는 목표들의 가치를 따져보아라.
아마도 모든 목표가 가치 있지는 않을 것이다.

- 키스 D. 해럴 -

What has happened is not nearly
as important as what can happen.
Look to the possibilities of your future
for direction, forsaking the burdensome
limitations of your past.

이미 벌어진 일보다
앞으로 일어날 수 있는 일이 훨씬 중요하다.
과거에 얽매이지 말고, 미래의 가능성에 집중하라.

- 키스 D. 해럴 -

Have a good cry.
Grief is a doorway to your deepest self.

※

펑펑 울어라.
슬픔은 가장 깊숙이 위치한 자아로 통하는 문이다.

- 쉐릴 리처드슨 -

Schedule a sacred date with yourself.
You deserve time for your life.

※

자신을 위한 안식일을 정하라.
누구든 자신의 삶을 돌아보는
시간을 누릴 자격이 있다.

- 쉐릴 리처드슨 -

Stand firm in knowing that God has already
prepared a significant life for you that
He will faithfully bring into being.

※

신께서 이미 당신의 삶을 준비해 놓았으며,
언젠가 충실히 실현하실 것임을 기억하라.

– 브루스 윌킨슨 –

Reach boldly for the miracle.
God knows your gifts, you hindrances,
and the condition you're in at every moment.

기적을 향해 힘껏 팔을 뻗어라.
신께서는 당신이 갖고 있는 재능과 어려움,
당신이 처한 상황까지 모두 알고 계신다.

- 브루스 윌킨슨 -

Who needs to hear "I apologize" from you?
Are you willing to apologize to someone today?
An apology is not an admission
of guilt or wrongdoing.
It's an acknowledgment that you're
willing to do better next time.

당신에게서 "죄송합니다."라는
사과의 말을 듣고 싶은 사람이 있는가?
오늘 당신이 사과하고 싶은 사람이 있는가?
사과는 죄를 고백하거나 잘못을 시인하는 것이 아니다.
다음에 더 잘하겠다는 뜻을 전하는 것이다.

- 이얀라 반젠트 -

Until today, you may have made excuses for the
unkempt and incomplete areas in your life.
Just for today, be devoted to acknowledging
the things you've left undone, unsaid,
and incomplete.
Acknowledgment is the first step toward healing.

※

오늘까지는 당신의 인생에서
헝클어지고 불완전한 측면들에 대해
언제나 변명을 늘어놓았을 것이다.
단, 오늘 하루만 행하지 않고, 말하지 않고,
불완전하게 내버려둔 것들을 온전히 인정하라.
있는 그대로 인정하는 것은 치유의 첫걸음이다.

- 이얀라 반젠트 -

Dear one, who is it you will not talk to?
Who is it you will not forgive, dead or alive?
It is time for closure!

※

절대로 말을 섞고 싶지 않은 사람이 있는가?
산 자이건 망자이건,
결코 용서할 수 없는 사람이 있는가?
이제 영원히 마침표를 찍자!

— 크라이언 —

Take the word victim off of your person—
out of your vocabulary.
It reeks with the old energy
and does not suit your magnificence.

당신의 인생 사전에서
'희생'이라는 단어를 지워버려라.
낡고 오래되어 냄새가 진동하며,
당신의 품위를 손상시킬 뿐이다.

– 크라이언 –

Feelings are just that—feelings.
They let you know when something isn't right.
It's what you do with them that matters.

※

감정은 감정일 뿐이다.
감정은 무엇인가 잘못되었음을 알려준다.
중요한 것은 당신이 그 감정으로 무엇을 하느냐이다.

- 앤 윌슨 셰프 -

Good communication is a balance
of speaking and sharing, listening carefully
and absorbing… before you speak again.

※

소통을 잘하는 사람은
말하고, 공유하고, 경청하고, 수용한다.
그리고 다시 말한다.

- 앤 윌슨 셰프 -

Women do not appreciate being told
how to change their feelings.
Men do not like being told what to do.

⁂

여자는 감정을 숨기는 것을 싫어하며,
남자는 시키는 대로 하는 것을 싫어한다.

- 존 그레이 -

The more a woman feels the right to be upset,
the less upset she will be.
When men talk about their problems,
they're looking for solutions.

여자는 화를 내도 마땅한 상황에서 화를 덜 낸다.
남자가 자신의 문제를 늘어놓는 것은
해결책을 찾기 위해서이다.

- 존 그레이 -

If you feel happier surrounded by a lot of stuff,
then don't try to create a spare,
streamlined environment.
Instead, enjoy your possessions
by organizing them.

⁕

만약 당신이
많은 것들에 둘러싸이는 것을 좋아한다면,
여유 있고 효율적인 환경을 만들지 마라.
오히려 지금 갖고 있는 것들을 정돈함으로써
마음껏 누려라.

- 줄리 모건스턴 -

Are your closets, drawers, and cabinets filled up
with things that you never use?
Get rid of the excess to make room
for what you love.

당신의 옷장과 서랍, 수납장이
불필요한 물건들로 가득하지 않은가?
당신이 소중히 여기는 것들을 넣으려면,
불필요한 것들을 치우자.

- 줄리 모건스턴 -

Don't face death without facing God.
Don't even speak of death without
speaking to God.
He and He alone can guide you
through the valley.
And only God is committed to
getting you there safely.

※

신과 마주하지 않고서는 절대 죽음을 마주하지 마라.
신께 말씀드리는 것이 아니라면,
죽음을 입에 올리지도 마라.
오직 신께서 당신이 계곡을 건너도록 이끌어줄 것이다.
오직 신만이 당신이 안전하게 도달하도록 도우신다.

- 맥스 루케이도 -

Be specific with your prayers.
Give God the number of the flight.
Tell Him the length of the speech.
Share the details of the job transfer.
He has plenty of time and compassion.
He doesn't think your fears foolish or silly.
He's been where you are.
He knows how you feel.
And He knows what you need.

신께 기도드릴 때에 구체적으로 기도하라.
항공편이 무엇인지, 강연이 몇 분인지,
이직은 어떻게 준비중인지 구체적으로 말씀드려라.
신께서는 무한한 시간과 애정을 갖고 계신다.
신께서는 당신이 두려워하기 때문에
당신을 어리석거나 바보라고 생각하지 않는다.
신은 언제나 당신이 있는 곳에 계신다.
신은 당신이 무슨 생각을 하는지 알고 계시며,
당신에게 무엇이 필요한지도 알고 계신다.

- 맥스 루케이도 -

As your understanding of life continues to grow,
you can walk upon this planet safe and secure,
always moving forward toward
your greater good.

시간이 지날수록 삶에 대한 이해력도 높아지므로
안전하고 안정되게 삶을 헤쳐 나갈 수 있다.
그리고 언제나 최선에 가까워질 것이다.

- 루이스 L. 헤이 -

You cannot learn other people's
lessons for them.
They must do the work themselves,
and they'll do it when they're ready.

✳

당신이 다른 사람을 대신해서
삶의 교훈을 터득해 줄 수는 없다.
그들은 반드시 스스로 깨달을 것이며,
언젠가 그들이 준비되면 행할 것이다.

- 루이스 L. 헤이 -

Forgiveness is the most powerful thing
you can do for yourself on the spiritual path.
If you can't learn to forgive, you can forget
about getting to higher levels of awareness.

용서는 영적으로 스스로에게 행할 수 있는
가장 강력한 것이다.
용서하는 법을 배워야만
더 높은 단계의 깨달음에 이를 수 있다.

- 웨인 W. 다이어 -

All of the great teachers have left us
with a similar message: Go within,
discover your invisible higher self,
and know God as the love that is within you.

훌륭한 교사들은 하나같이 이런 교훈을 남긴다.
내면을 파고들어, 눈에 보이지 않는
한층 숭고한 자아를 발견하라.
신은 당신 내면에 존재하는 사랑이다.

- 웨인 W. 다이어 -

Patience truly is a virtue,
and it is one attribute that we all have
to perfect in one form or another.
Instead of getting impatient,
try doing a short meditation—breathe deeply
and think pleasant thoughts.

※

인내심은 진정한 의미에서 미덕이며,
모든 사람이 어떤 형태로든 도달해야 한다.
인내심을 잃지 않으려면, 짧게 명상해 보아라.
숨을 깊이 들이마시고, 즐거운 일들을 생각하라.

- 실비아 브라운 -

Whether due to death or divorce,
the loss of a loved one leaves a
horrendous hole behind.
The only way to achieve wellness is to
"get out of yourself"
by immediately helping others.

※

사별하든 이혼하든 사랑하는 사람을 잃는 것은
가슴속에 지독한 공허를 남긴다.
유일하게 회복하는 방법은 다른 사람들을 도움으로써
"자신에게서 벗어나는 것" 뿐이다.

- 실비아 브라운 -

Recognize that when you're in balance,
you possess a level of strength
and flexibility that allows you to meet
any challenge effortlessly.

※

마음이 편안하면, 무엇이든 수월하게
성취할 수 있는 힘과 유연성을 갖게 된다.

- 디팩 초프라 -

If you can learn from every relationship
and understand how it came into your life,
then no relationship needs to be
remembered with regret.

만약 당신이 모든 인간관계에서 무엇이든 배우려하고,
어떻게 이 관계가 시작된 것인지 이해할 수 있다면,
어떤 관계도 후회하지 않을 것이다.

- 디팩 초프라 -

Have the courage to discuss your financial
situation with your partner out of love,
not greed—out of wanting the best
for each other—not only now, but forever.
Then no matter what happens,
you have nothing to lose.

※

당신의 재정 상태를
배우자와 상의할 수 있는 용기를 가져라.
단, 탐욕이 아닌 사랑으로 의논하고,
당장이 아니라 영원히 서로에게
최선이 무엇인지 고려하여 상의하라.
앞으로 무슨 일이 일어나도 잃을 것이 없다.

- 수지 오먼 -

How much money is enough?
For each and every one of us,
that amount is different, unique as a fingerprint.
Seek and celebrate all that you can create,
then you will have all that you're meant to have.
That will be enough.

※

돈이 얼마나 있으면 충분한가?
우리는 각자 충분한 금액이 다르며,
마치 지문처럼 고유하다.
가능한 한 모든 것을 구하고, 기뻐하라.
그러면 당신이 누릴 수 있는 것은
모두 누리게 될 것이다.
그것으로 충분하다.

- 수지 오먼 -

Each obstacle you overcome is a
stepping-stone on your path to greatness.
Appreciate the obstacle,
for it empowers you to courageously
face future barriers in your quest for success.

당신이 마주하는 장애물은
더 위대한 것으로 향하는 디딤돌이다.
인생의 장애물을 감사히 여겨라.
그것들은 앞으로 당신이 성공으로 향하는 길에
용감하게 장애물에 맞설 힘을 줄 것이다.

- 태비스 스마일리 -

Put your heart into everything you do.
A lukewarm effort produces mediocre results.
Pour on the passion, and experience intense
success in all your achievements.

※

당신이 하는 것마다 마음을 담으라.
미지근한 노력은 그저 그런 결과를 낳을 뿐이다.
열정을 쏟아 붓고, 당신이 성취하는 모든 일에서
최고의 성공을 경험하라.

- 태비스 스마일리 -

With your own kids, you have the chance
to rewrite history—to parent them as you wish
you had been parented.
Thus dose your own re-parenting occur.
You release the future as you release the past.

※

당신은 자녀를 통해서
새로운 역사를 창조할 수 있다.
당신이 부모에게서 바라던 대로
자녀에게 대해 주어라.
이처럼 당신은 당신만의 방식으로
자녀를 양육할 수 있다.
당신은 과거를 놓아줌으로써
미래를 창조하는 것이다.

- 마리안 윌리엄슨 -

Heaven is within you.
It has nothing to do with the thoughts
of someone else, and everything to do with
what you yourself choose to think.
Forgiving everyone is your ticket to heaven,
and your only way Home.
May you learn to think as God thinks.

※

천국은 내면에 존재한다.
다른 사람이 어떻게 생각하는지 상관없으며,
오직 당신이 어떻게 생각하는지만 중요할 뿐이다.
다른 사람을 용서하는 것만이
천국으로 향하는 길이며,
당신이 원래 있던 곳으로 돌아가는 길이다.
당신이 신께서 생각하는 대로
생각하는 법을 배우기 바란다.

- 마리안 윌리엄슨 -

Learn to delegate responsibility.
Transferring responsibility to other skilled
and trained people enables you to devote
your energy to other high-leverage activities.
Delegation means growth,
both for individuals and organizations.

※

책임을 위임하는 방법을 배워라.
숙련되고 훈련된 사람에게 책임을 이전함으로써
당신은 당신이 더 잘할 수 있는 일에
노력을 기울일 수 있다.
위임하는 것은 개인과 조직이 모두 성장하는 수단이다.

- 스티븐 R. 코비 -

By focusing on relationships
and results rather than time and methods,
you can become a listener, a trainer,
and a consultant to those in your
sphere of influence.
Your effectiveness—and that of those
around you—will increase dramatically.

※

시간과 방법에 집중하기보다
관계와 결과에 집중한다면,
당신은 당신의 영향력이 미치는 범위 안에서
경청하고, 가르치고, 조언하는 사람이 될 수 있다.
당신과 당신의 주변사람들까지도
능률이 치솟을 것이다.

- 스티븐 R. 코비 -

If the way you fell depends
on anything outside of you,
you're in trouble—but if you depend
only upon your connection with
your own Inner Being,
then everything in your
experience falls into alignment.

※

외부적인 것에 따라 기분이 좌지우지된다면
당신은 문제 속에 놓여 있는 것이다.
하지만 그 반대라면 당신의 경험 속의 모든 것들이
가지런히 정돈되어짐을 느낄 수 있을 것이다.

- 아브라함 힉스 -

Whatever you desire—and then allow—
you must experience.
There is no exception to that.
As you hold yourself in vibrational
alignment with your own desire,
you will experience, in all ways,
the fulfillment of that desire.

당신이 바라고 따르는 무엇이든
당신은 그것을 경험해 봐야 한다.
거기에 예외는 없다.
소망을 갖고 고요하게 있어라.
당신은 곧 그 소망이 채워지고 있음을
경험할 수 있을 것이다.

- 아브라함 힉스 -

Let go of old guilt,
and remember that you're
God's perfect child!

케케묵은 죄책감은 놓아버리고
당신은 신의 완벽한 작품이라는 것을 기억하라.

- 도린 버추 -

Noticc repetitious signs
and your inner guidance,
as this can yield valuable information.

반복되는 징표와
당신의 내면의 인도자를 인지해 보자.
그들은 귀중한 정보가 될 수 있다.

- 도린 버추 -

Your body is a living temple where God lives.
Your mind is a living temple where God lives.
God is living within you as Life.
The proof that God lives within
you is that you are alive.
Your Life is the proof.

※

당신의 몸은 신이 살고 있는 살아 있는 신전과 같다.
당신의 마음도 신이 살고 있는 살아 있는 신전이다.
신은 삶으로써 당신 안에 살고 있다.
신이 당신 안에 존재한다는 증거는
바로 당신이 살아 있다는 것이다.
당신의 삶이 바로 그 증표이다.

- 돈 미겔 루이스 -

All the magic you possess is based on your word,
and you cast spells all the time
with your opinions.
You can either put a spell
on someone with your word,
or you can release someone from a spell.

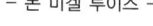

당신이 갖고 있는 모든 마법은
당신의 말을 바탕으로 한다.
그리고 당신은 당신의 의견을 바탕으로
주문을 선택한다.
당신은 말로 누군가에게 주문을 걸거나
철자로 누군가를 풀어줄 수 있다.

- 돈 미겔 루이스 -

A visit or a call from a friend can heal you.
You can also heal a friend in this same way.
Is there someone you've been wanting
to contact but haven't made time for?
Today, make the time.

친구의 방문이나 전화는 당신을 치유할 수 있다.
당신 역시 같은 방법으로 친구의 치료제가 될 수 있다.
혹시 오랫동안 연락하고 싶었지만
미처 하지 못한 누군가가 있는가?
오늘이 바로 연락할 시간이다.

– 캐롤라인 미스, 피터 오키오그로소 –

Help others quietly,
without expecting gratitude or rewards.
Let the healing power of your spirit
run through your hand as you
reach to touch another,
but say nothing to the person you help.
Learn to give invisibly.

※

보상을 바라지 말고 묵묵히 다른 사람을 도와주어라.
당신의 영혼의 치유의 힘이
당신의 손을 거쳐 다른 사람에게 닿도록 해라.
보이지 않게 주는 법을 배워라.

- 캐롤라인 미스, 피터 오키오그로소 -

If you're evolving into a more loving,
more compassionate, less violent person,
then you're moving in the right direction.

더 사랑하는 마음, 더 동정하는 마음을 갖고
덜 거친 사람이 되려고 노력하고 있는 중이라면
당신은 이미 올바른 길로 가고 있는 것이다.

- 브라이언 L. 와이스 -

It's better to speak from your heart
with everyone you communicate with.
Otherwise, anger will creep in,
and you'll resent the person
or the obligation.

모든 사람들과 마음을 다해 대화하려고 노력해라.
그렇지 않으면 분노가 흘러들어와
다른 사람 혹은 그 의무에 그 화를 쏟을 수 있다.

- 브라이언 L. 와이스 -

Know when to take action to change
or leave a partnership.
Know when to allow it to remain as is.
In a true partnership,
each member is free to leave.

※

변화를 위해 행동에 나서야 하는 때와
배우자를 떠나야 할 때를 알아야 한다.
또 그 상황을 그저 내버려둬야 하는 때를 알아야 한다.
진실한 관계에서 개인은
언제든지 떠날 수 있는 자유가 있다.

- 크리스티안 노스럽 -

All creations need care and feeding.
Water and fertilize your creations
and dreams with positive,
uplifting emotions, thoughts, and love.

※

모든 창조물은 보살핌을 필요로 한다.
긍정적이고 밝은 마음과 생각, 사랑으로
당신의 창조물과 꿈에 물과 거름을 주어라.

- 크리스티안 노스럽 -

There's no statute of limitations on forgiveness.
In the presence or absence of explanation,
forgive yourself and forgive others.

※

용서에 제한은 없다.
설명이 있든 없든 스스로를 용서하고
다른 사람들을 용서해라.

- 키스 D. 해럴 -

Smile and laugh often!
Each day, find something happy, joyful,
and funny about life—smile and laugh,
smile and laugh, and smile and laugh again.

※

자주 웃어라!
매일 삶의 행복, 기쁨을 찾아라!
미소와 웃음을 반복해라.

- 키스 D. 해럴 -

Think BIG.
There are unseen forces ready to
support your dreams.

※

크게 생각해라.
당신의 꿈을 지지해 줄
보이지 않는 놀라운 힘이 있다.

- 쉐릴 리처드슨 -

Connect with someone special.
A loved one is a gift to treasure.

※

특별한 누군가와 관계를 맺어라.
사랑하는 이는 기쁨의 선물과도 같다.

- 쉐릴 리처드슨 -

God's actions are all intended
to nudge you—lovingly, wisely, persistently—
toward the life and character you desire
but can't reach without help.

※

신의 행동에는 목적이 있다.
그것은 당신이 꿈꿔왔지만
도움 없이는 이루지 못했던 삶을 향해
당신을 현명하게 그리고 완강하게 밀어줄 것이다.

- 브루스 윌킨슨 -

Be assured that, at the right time,
God will provide you with the right words
to say and a boldness to say them
that you never thought possible.

※

적절한 때에 신이 당신에게 알맞은 말을 전해 주고
당신이 결코 이뤄내지 못할 것이라고 생각했던
사람들에게 당당히 말할 수 있는
용기를 줄 것이라는 것을 확신해라.

- 브루스 윌킨슨 -

How can you bring some
excitement into your life?
Are you willing to experience excitement today?
Excitement is the result of doing the
very thing you've convinced
yourself you can't do!

✹

당신은 어떻게 삶에 즐거움을 찾는가?
오늘은 신나는 일을 경험할 수 있을까?
이런 흥분감은 당신이 스스로 할 수 없다고
생각했었던 일을 해낼 때 비로소 생기는 것이다.

- 이얀라 반젠트 -

Until today, you may have been holding
on to something or someone,
not realizing that its purpose
in your life has been served.
Just for today, surrender all attachments
to the people and things you've been
struggling to hold on to.

※

지금까지 당신은 누군가,
혹은 무언가에 매달려 있었을지도 모른다.
그들의 목적이 당신을 갉아먹는 것이라는 사실을
깨닫지 못한 채로 말이다.
오늘만이라도 당신이 붙잡고 있었던 사람들,
물질적인 것들에서 한 발짝 떨어져보자.

- 이얀라 반젠트 -

Develop an unshakable allegiance
to someone or something.

누군가 또는 무엇인가에게
흔들리지 않는 충성을 바쳐보자.

- 셰리 카터 스콧 -

Perceive things as equitable,
then anticipate justice prevailing.

※

사물을 공정하게 바라보자.
그리고 정의가 우세함을 기대해 보자.

- 셰리 카터 스콧 -

If you call upon the names of your beloved
ones who have passed, you might be interested
to know that a piece of them is with you.
Part of their spiritual contract is
to be with you in this way.
It is the same for you when you leave the earth.

※

당신이 이미 떠나간
사랑하는 사람들의 이름을 부른다면
당신은 그들의 일부가
당신과 여전히 함께 있다는 사실에
흥미를 느낄지도 모른다.
그들의 영은 이런 방식으로
당신과 함께 있는 것이다.
당신이 세상을 떠나더라도 그와 같을 것이다.

— 크라이언 —

Visualize in your mind the perfect solution
without knowing what it is!
Visualize the challenge being over and
being peaceful with everything around you.
Don't tell Spirit how to solve it.
Instead, visualize it being finished.

※

그것이 무엇인지 정확히 알지 못할지라도
완벽한 해결책을 마음속에 그려보자.
또 당신 주위에 있는 모든 도전들을 그려보자.
그것을 어떻게 풀어나갈지 말할 필요는 없다.
대신 그것이 완벽히 끝나는 것을 상상해 보자.

– 크라이언 –

When you respect your anger
and deal with it,
you discover doors into your inner
being that weren't obvious before.

※

화를 인식하고 그것을 해결하려고 할 때
당신은 분명히 이전과는 다른
새로운 자신을 향한 문을 발견할 수 있을 것이다.

- 앤 윌슨 셰프 -

Giving up blaming others for your unhappiness,
your perceived failures, and your life may
leave you silent for a while.
But the silence is worth it.
It leads to clamoring awareness.

✼

당신의 불행과 실패의 이유를
다른 사람에게서 찾는 것을 포기함으로써
당신의 삶은 당신을 잠시 동안
고요 속에 내버려둘 것이다.
하지만 그 고요함은 귀중한 것이다.
그를 통해 우리는 다시
사람들의 아우성을 들을 수 있기 때문이다.

- 앤 윌슨 셰프 -

A man's greatest challenge
is to take responsibility for
his contribution to a problem.
A woman's greatest challenge
is to let go of her resentment
and find forgiveness.

남자에게 가장 큰 도전은
문제의 원인에 대한 책임을 지는 것이다.
여자에게 가장 큰 도전은
원망을 놓아버리고 용서를 구하는 것이다.

- 존 그레이 -

Women love to care for men, but primarily,
they need to feel cared for themselves.
Men need to feel cared for, but primarily,
they need to feel successful
in fulfilling their partners.

여자는 그들의 남자를 보살피고 싶어 한다.
하지만 그들은 주로 보살핌을 받기를 원한다.
남자는 보살핌을 받기를 원한다.
하지만 그들은 주로
그들의 배우자를 만족시키길 원한다.

- 존 그레이 -

Letting go of unused items can
put extra cash in your pocket.
Donate them for the tax deduction,
or resell them at a garage sale
or consignment shop.

※

필요 없는 물건들을 놓아줌으로써
당신은 여분의 돈을 마련할 수 있다.
세금 감면을 위해 기부하거나
벼룩시장을 통해 물건을 팔아보자.

- 줄리 모건스턴 -

Organize your rooms.
An organized room takes no more
than three to five minutes to clean up,
no matter how messy it gets.

방을 정리해 보자.
잘 정돈된 방은 아무리 더러워도
청소하는데 5분이면 충분하다.

- 줄리 모건스턴 -

Bless your home with love.
Put love in every corner so that your home
lovingly responds with warmth and comfort.
Be at peace.

당신의 가정을 사랑으로 축복해라.
집의 구석구석 사랑을 놓아보자.
당신의 집이 따뜻함과 편안함으로 반응해 줄 것이다.

- 루이스 L. 헤이 -

Choose to believe that
"everyone is always helpful."
Therefore, wherever you go in life,
people will be there to assist you.

'모든 사람들이 항상 나에게
도움을 주는 존재'라고 믿어보자.
그러면 당신의 삶에서 어느 곳을 가든지
당신을 위한 도움의 손길이 있을 것이다.

- 루이스 L. 헤이 -

When you lay your ego aside and return to
that from which you originally emanated,
you'll begin to immediately see the power
of intention working with, for,
and through you in a multitude of ways.

※

자존심을 내려놓고
당신이 원래 있던 자리로 돌아갈 때
당신은 작용하는 의지의 힘을 발견할 수 있을 것이다.

- 웨인 W. 다이어 -

Every thought you have impacts you.
By shifting in the middle of a weakening
thought to one that strengthens,
you raise your energy vibration and
strengthen yourself and
the immediate energy field.

※

당신이 갖고 있는 생각 하나 하나는
당신에게 큰 영향을 준다.
당신을 약하게 만드는 생각을
강하게 해주는 생각으로 바꿈으로써
당신은 에너지와 힘을 끌어올릴 수 있다.

- 웨인 W. 다이어 -

Try to avoid thinking about what you're not:
"I'm not happy, not rich, not good-looking,"
and so on.
Instead, think about what you are:
"I am joyful; I am prosperous; I am beautiful."
Your self-esteem will rise immeasurably.

※

당신이 갖고 있지 않은 것에 대해 생각하지 마라:
'나는 행복하지도 부유하지도 예쁘지도 않아.' 처럼 말이다.
대신 당신이 갖고 있는 것에 대해 생각해 보아라.
'나는 아름다워. 나는 기쁨이 많은 사람이야.'
엄청나게 높아진 당신의 자존감을
발견할 수 있을 것이다.

- 실비아 브라운 -

There are definitely things
you should not do to excess.
For example, addictions that harm your
physical body stop your soul's growth
and cloud your direct rapport with God.
Ask God to help strengthen your will
and help you learn restraint.

당신이 과하게 해서는 안 되는 것들이 있다.
예를 들어, 당신의 몸을 해치고
당신의 영혼의 성장을 막는 중독들
그리고 신과 당신의 관계를 막는
장애물들이 바로 그것이다.
당신의 의지를 견고히 하고 절제하는 법을
배울 수 있도록 신에게 도움을 구해 보자.

- 실비아 브라운 -

In order to create good luck in your life,
it's often best to keep silent about your
innermost dreams and intentions.
Simply let your vision unfold naturally.

삶에서 행운을 얻기 위해서는
당신의 마음속에 품은 꿈과 목적에 대해
침묵을 지킬 줄 알아야 한다.
당신의 꿈이 자연스럽게 펼쳐질 수 있도록 해라.

– 디팩 초프라 –

How you emotionally respond in a
relationship—with joy, sadness, feat,
or anger—can say a lot about your
thoughts and belief systems.

※

관계에 있어 당신은 감정적으로 어떻게 반응하는가?
기쁨, 슬픔, 두려움, 분노 등을 표현하는 당신의 방식은
당신의 생각과 신념을 말해 준다.

- 디팩 초프라 -

The doorway out of debt opens
a little bit further with each payment
you make toward yesterday,
which is also a payment toward tomorrow.

빚에서 벗어나는 문은
당신이 썼던 어제의 돈보다 조금 더 멀리 있다.
그리고 그것은
당신이 내일 쓸 돈보다도 조금 더 멀리 있다.

- 수지 오먼 -

One way to get in touch with your money
is to actually start touching it again.
Handle your cash; feel it and respect it;
delight in spending it the way you did as a child;
enjoy choosing not to spend it;
take pleasure in putting it away now… for later.

부를 얻는 방법 중 하나는 돈과 직접 대면하는 것이다.
돈을 다루는 법을 배우고 그것을 존중해라.
아이가 돈을 쓰는 것처럼 즐거운 마음으로 돈을 쓰고,
돈을 쓰지 않아도 즐거울 줄 알아야 한다.
돈이 멀리 있음으로 해서 오는 즐거움을 누려라.

- 수지 오먼 -

You are God's divine design.
He does not make mistakes.
Don't get caught up in wanting to be
or trying to be like someone else.
Everyone is gifted in different ways.
Love being you.

※

당신은 신의 완벽한 작품이다.
그는 실수하지 않는다.
다른 누군가를 부러워하거나
그처럼 되려고 노력할 필요가 없다.
모든 사람들은 각자 다른 방식으로 축복받았다.
스스로를 사랑해라.

- 태비스 스마일리 -

Ask how you can serve the community
rather than asking how the community
can serve you.
When you use your calling to make a
difference in the community,
opportunities to create abundance
will emerge in your life.

※

공동체가
당신에게 무엇을 해줄 수 있는지 물어보기 전에
당신이 공동체를 위해
무엇을 해줄 수 있는지 물어보아라.
공동체 안에서 변화를 만들기 위해
당신의 부르심에 응답할 때 풍요로움의 기회가
당신의 삶 속에서 생겨날 것이다.

- 태비스 스마일리 -

Meditation is a time of quiet,
when the mind is freed from its attachment
to the hysterical ravings of a world gone mad.
It is a silence in which the spirit of God can
enter us and work His divine alchemy upon us.

※

명상은 침묵의 시간이다.
바로 우리의 마음이 세상이 열광하는 것들로부터
자유로워지는 순간을 의미한다.
명상은 신이 우리 안으로 들어와
그의 신비한 힘을 발하는 그 고요함이다.

– 마리안 윌리엄슨 –

A healthy, vital society is not one
in which we all agree.
It is one in which those who disagree
can do so with honor and respect for other
people's opinions… and an appreciation of
our shared humanity.

건강하고 활력 넘치는 사회가
모두가 원하는 사회는 아니다.
다른 사람의 의견에 동의할 수 없을지라도
그것을 존중해 줄 수 있는 사회,
우리가 공유하는 인간미에 대한
이해가 존중받는 사회가
바로 우리가 원하는 사회인 것이다.

- 마리안 윌리엄슨 -

Create opportunities to interact one-on-one
with your boss, your children, your spouse,
your friends, and your employees.
When you listen, you learn,
which opens the door to creative solutions
and mutual trust.

※

당신의 상사, 아이, 배우자, 친구들, 직원과
일 대 일로 소통하는 기회를 만들어라.
당신이 듣고, 배우는 자세를 보여줄 때
창의적인 해결책들과 성숙한 믿음을 향한
문이 열릴 것이다.

- 스티븐 R. 코비 -

Nurture your physical self
by eating the right foods,
getting sufficient rest and relaxation,
and exercising on a regular basis.
A good exercise program will build
your body in three areas: endurance,
flexibility, and strength.

※

좋은 음식, 충분한 휴식, 규칙적인 운동을 통해
몸을 성숙하고 건강하게 가꾸어라.
좋은 운동은 당신의 몸이
다음의 세 가지 장점을 갖도록 할 것이다.
바로 견고함, 유연함, 힘이다.

- 스티븐 R. 코비 -

You were born with a magnificent (emotional)
guidance system that lets you know,
in every moment, exactly what your
vibrational content is, which is being matched
by the Law of Attraction.
As it is your desire to feel good, and your
practice to choose good-feeling thoughts,
only good things will come to you.

※

당신은 매 순간 당신을 요동치게 하는
존재가 무엇인지 당신에게 알려주는
일종의 유도장치를 갖고 태어났다.
그것은 끌어당김의 법칙과 일맥상통한다.
그것이 기분이 좋아지려는 당신의 욕망,
혹은 좋은 생각들을 선택하려는 행동이라면
오직 좋은 것들이 당신에게 올 것이다.

- 아브라함 힉스 -

Thriving is as natural as breathing itself.
By relaxing often and breathing deeply,
your natural thriving is enhanced.

번영은 숨 쉬는 것만큼 자연스러운 것이다.
숨을 깊이 들이켜 보거나 휴식을 취함으로써
당신의 자연스러운 번영이 더욱 견고해질 것이다.

- 아브라함 힉스 -

To manifest rapidly, think of your desire
while you chant, hum, sing, or play music.

※

당신을 표현하기 위해서는
먼저 당신이 바라는 것을 생각해 보아야 한다.
음악을 듣거나 노래를 따라 부르거나 하는
그 어느 순간에도 상관없다.

- 도린 버추 -

Eliminate clutter from your home and
work life to balance the flow of activities.

※

활동의 흐름의 균형을 맞추기 위해 당신의 집,
당신의 일에서 필요 없는 부분들을 제거해라.

- 도린 버추 -

The human mind is like a fertile ground
where seeds are continually being planted.
When you are impeccable with your word,
your mind is no longer fertile ground
for the words that come from fear; your
mind is only fertile for the
words that come from love.

※

인간의 마음은
씨앗이 끊임없이 싹을 틔우는 비옥한 땅과 같다.
당신의 언어가 흠잡을 데 없이 완벽하다면
당신의 마음속에는 두려움으로부터 나오는 언어들은
존재할 수 없을 것이다.
즉, 당신의 언어가 사랑에서 나올 때
당신의 마음이 비옥해질 수 있는 것이다.

- 돈 미겔 루이스 -

You are beautiful no matter
what your mind tells you.
That is a fact.
If you are aware of your own beauty
and accept your own beauty,
the opinion of others doesn't
affect you at all.

당신의 마음이 뭐라고 말하든지 당신은 아름답다.
스스로 얼마나 아름다운지 깨닫고
자신만의 아름다움을 받아들이려고 한다면
다른 사람들의 의견은
당신에게 어떤 영향도 끼치지 못할 것이다.

- 돈 미겔 루이스 -

Today is for observation.
Where does your mind wander naturally—
into fear or fantasy, humor or stress?
Follow your mind,
and observe where it goes to feed itself.
Do you like what you see?

※

오늘은 당신을 관찰해 보는 날이다.
당신의 마음은 어디에서 떠돌고 있는가?
두려움, 환상 아니면 유머나 스트레스?
당신의 마음을 천천히 따라가 보아라.
그리고 그것이 어디를 향해 가고 있는지 지켜보아라.
지금 보고 있는 것이 마음에 드는가?

– 캐롤라인 미스, 피터 오키오그로소 –

How much of your precious day
do you invest in the past?
Everything from your past except wisdom
and love has long since served its purpose.
Witness what calls to you from
yesterday and why.

당신의 과거에는 얼마나 많은 소중한 날들이 있는가?
지혜와 사랑을 제외한 당신의 과거의 모든 것들은
그저 그것의 목적을 따라왔다.
그렇기에 당신의 어제가 당신 과거의 증인인 것이다.

- 캐롤라인 미스, 피터 오키오그로소 -

If you're doing the right thing,
if you're not harming yourself or others,
you need not be concerned with
what others think.
You're free!

※

당신이 지금 옳은 일을 하고 있다면,
당신 스스로든 다른 누구에게든
상처를 주고 있지 않다면,
당신은 다른 사람이 뭐라고 하는지에
연연해할 필요가 없다.
당신은 자유인 것이다!

- 브라이언 L. 와이스 -

Your true essence is your soul,
which is eternal and exists in
an ocean of love.
You are not your body.

※

당신의 본질은
몸이 아닌 사랑으로 가득 찬 당신의 영혼이다.

- 브라이언 L. 와이스 -

Cultivate a loving relationship with yourself.
Be willing to be alone,
and enjoy your own company.

※

스스로와 사랑의 관계를 쌓아라.
혼자가 되는 것을 두려워하지 말고
스스로의 친구가 되는 것을 즐겨라.

– 크리스티안 노스럽 –

Our creations come through us freely, easily,
and abundantly only when we release
our need for control and
allow ourselves to become cleat channels
for something bigger than we are.

※

통제하려는 욕구를 놓아버리고
스스로가 무언가의 깨끗한 통로가 되려고 할 때
비로소 우리의 창조물들은 쉽고 자유롭게
우리 안으로 들어올 수 있다.

- 크리스티안 노스럽 -

Take aim at the areas of your life
that need improvement.
Target three areas in your life
that could use some help.
Take positive action and
make the necessary adjustments
to reap the benefits you desire.

당신의 삶에 개선이 필요한 부분들에
목표를 세워 놓아라.
그리고 도움을 받을 수 있는 부분 세 곳을 설정해라.
긍정적인 행동을 하고,
당신이 소망하는 것을 거두기 위해
필요하다면 조정도 할 수 있어야 한다.

- 키스 D. 해럴 -

You may realize that you see things not
as they are… but as you think they should be.
Strive to change the things in yourself
that you want to change in others.

※

당신은 어느 순간
사물을 있는 그대로 보는 것이 아니라
당신이 원하는 대로 보고 있다는 것을
깨달을지도 모른다.
다른 사람에게 변화를 원한다면
먼저 당신 안에 있는 것들을
변화시키려고 노력해라.

- 키스 D. 해럴 -

Offer your support to someone.
Experience the joy of serving others.

※

다른 사람을 지지하고 응원해 줘라.
그리고 다른 사람을 섬기는 기쁨을 경험해 보아라.

- 쉐릴 리처드슨 -

Express your creativity.
Delight in the mystery of your inner muse.

※

당신의 창의성을 표출하라.
그리고 당신 내면의 영감에 불을 밝혀라.

- 쉐릴 리처드슨 -

God is at work.
If you open your eyes and
your mouth for Him today,
you'll meet a miracle with
your name written all over it.

신은 당신과 함께 한다.
눈과 입을 열어 그에게 기도하면
당신은 당신의 이름이 새겨진 기적을
경험할 수 있을 것이다.

- 브루스 윌킨슨 -

Keep a spiritual journal of your very
personal journey with God.
Share with Him you disappointments,
celebrations, and confusion.
Ask Him for wisdom… and leave your
request on the page until you
receive guidance.

※

신과 영적인 여행을 해보아라.
당신의 실망, 기쁨, 혼란을 함께 나누어라.
그리고 신에게 지혜를 구하라.
당신을 이끌어줄 누군가를 만나기 전까지
당신의 바람을 계속 적어두어라.

- 브루스 윌킨슨 -

Where in your life are you offering excuses
for not standing in your power?
Are you ready to eliminate excuses today?
Excuses are the means by which you avoid,
deny, and resist the greatness
you know yourself to be.

※

당신은 어느 때에 변명을 하는가?
오늘은 변명을 하지 않을 준비가 되었는가?
변명은 당신을 더 훌륭하게 만들어주는 것들을
피하고, 부정하고 거부하게 만든다.

- 이얀라 반젠트 -

Until today, you may have been
feeling overwhelmed by trying to do
everything on your own.
Just for today, ask God to help you
ease some of your burdens.

※

이제까지 당신은 혼자 힘으로
모든 것을 하려고 했기 때문에
마음의 압박을 받아왔을 수 있다.
오늘만이라도 신에게
당신의 짐을 덜 수 있도록 도움을 구하라.

- 이얀라 반젠트 -

Find the courage to hold on to your beliefs,
even if the world around you
chooses to believe differently.
Have the courage to change those beliefs
that no longer fit the person you have become.
In doing so, you truly become yourself.

당신의 믿음을 지킬 수 있는 용기를 찾아라.
혹 당신을 둘러싼 세상이 그렇지 않더라도 말이다.
당신의 믿음이 현재 당신에게 더 이상 맞지 않다면
믿음을 바꿀 수 있는 용기를 가져라.
이 과정을 통해
당신은 진짜 당신을 발견할 수 있을 것이다.

- 다니엘 레빈 -

Prosperity is not in what you have attained
but rather in what you give away… for it is
only when you become empty that you
can be filled with something greater.

번성은 당신이 소유하고 있는 것에서
나오는 것이 아니라 당신이 베푸는 것에서 나온다.
비움이 있어야 채움이 있기 때문이다.

- 다니엘 레빈 -

Be fully in tune with your spiritual essence,
sustained by a higher power.

※

당신의 영적 본질과 완벽한 조화를 이루도록 해라.
그리고 더 강한 힘으로 항상 한결같음을 유지해라.

- 셰리 카터 스콧 -

Provide reinforcement and
strength for yourself and others.

스스로와 다른 사람들에게 견고함과 힘을 주어라.

- 셰리 카터 스콧 -

No matter what is happening around you,
first take care of yourself.
When you're balanced,
all things will be gradually added to your life,
and the changes you have asked for will occur.

※

당신 주위에서 무슨 일이 일어나든
우선 스스로를 돌볼 수 있어야 한다.
당신이 균형을 잡고 있을 때
모든 것은 점차 자리를 잡아 갈 것이다.
그리고 당신이 원했던 변화가 일어날 것이다.

– 크라이언 –

Each time you see or heat the word God,
think of the person next to you,
the family at work or at play,
and the true essence of who
you are at the core.
Do not think of a singular power higher
than yours somewhere in the sky.
It is you!

신이란 단어가 생각날 때마다
당신 옆에 있는 사람, 가족을 떠올려보아라.
그리고 진정한 당신의 본질을 생각해 보아라.
저 멀리 하늘 어딘가에 있는
당신보다 강한 존재를 찾지 마라.
바로 당신이니까 말이다.

- 크라이언 -

You may have believed in the past
that anything worth doing was
worth doing frantically.
you can learn that "frantic" isn't
necessary to get the job done.

당신은 아마 가치 있는 것은 열정을 다해
미친 듯이 해내야 한다고 믿었을지도 모른다.
하지만 사실 모든 일에 그 '미친 듯'이 하는
자세가 필요한 것은 아니다

- 앤 윌슨 셰프 -

We all get discouraged at times.
Just remember that growth is more
like a spiral than a straight line.
Discouragement is inevitable—
and so is rejoicing.

※

우리는 때때로 좌절한다.
하지만 성장은 일직선이 아닌
나선과 같다는 것을 기억해라.
좌절은 필연적인 것이지만
그래서 즐길 수 있는 것이기도 하다.

- 앤 윌슨 셰프 -

A woman expects her partner to know
when she needs support.
A man asks for support when he needs it.

※

여자는 자신의 배우자가
자신이 언제 응원을 필요로 하는지 알기 바란다.
반면 남자는
응원이 필요하면 즉시 그것을 요구한다.

- 존 그레이 -

Resist the temptation to solve
her problems—empathize instead.
Do not offer advice without
being asked—just appreciate him.

그녀의 문제를 해결하려고 노력하지 마라.
대신 그것에 공감해라.
남자에게 충고하려 하지 마라.
대신 그를 인정해라.

- 존 그레이 -

If you have trouble letting
go of unused possessions,
then adopt a charity
or give them to a friend!
It's easier to part with items
if they're going to an organization
or person you care about.

※

필요 없는 것을 놓아주지 못한다면
그것을 친구에게 주거나 기부해라.
그것이 당신이 아끼는 사람들과 함께 있음으로 인해
당신은 그것의 일부가 될 수 있다.

- 줄리 모건스턴 -

Improve your quality of life.
Give yourself access to the things
you use and love by getting rid
of the stuff you don't.

※

삶의 질을 높여라.
불필요한 것들을 없애고
당신에게 소중한 것에 다가가라.

- 줄리 모건스턴 -

Be attentive and mindful to
what is happening around you at all times.

※

항상 당신의 주위에 귀를 기울이려고 노력해라.

- 레온 낵슨 -

Have high regard for yourself.
Be your own best friend.

※

스스로를 깊이 존경하라.
그리고 스스로의 가장 친한 친구가 되어라.

- 레온 낵슨 -

It doesn't matter what other people say or do.
What matters is how you choose to react
and what you choose to believe about yourself.

다른 사람들이 무엇을 말하건,
무엇을 하건 신경 쓰지 마라.
중요한 것은
당신이 스스로에 대해 선택한 믿음에 있다.

- 루이스 L. 헤이 -

The universe totally supports every thought
you choose to think and to believe.
You have unlimited choices about what to think.
Choose balance, harmony, and peace,
and express it in your life.

※

세상은 당신의 생각과 믿음을 지지하고 응원한다.
당신은 수많은 선택지를 갖고 있는 것이다.
균형, 조화, 평화를 선택하고
당신의 삶에서 그들을 표현하라.

- 루이스 L. 헤이 -

No one can depress you.
No one can make you anxious.
No one can hurt your feelings.
No one can make you anything other
than what you allow inside.

※

누구도 당신을 낙담시킬 수 없다.
누구도 당신을 불안하게 하거나
당신의 감정을 상하게 할 수 없다.
누구도 당신의 허락 없이는 당신을 조종할 수 없다.

- 웨인 W. 다이어 -

You can sit there forever,
lamenting about how bad you've been,
feeling guilty until you die,
and not one tiny slice of that guilt
will do anything to change the past.

※

당신은 거기 그렇게 앉아 죽을 때까지
지난날들에 대해 후회하고 슬퍼할지도 모른다.
죄책감의 작은 조각 하나도
과거는 바꿀 수 없다는 것을 알지 못한 채 말이다.

- 웨인 W. 다이어 -

Humility is a major component in being thankful,
but being too humble leaves the soul in a state
of feeling "not worthy."
Be humble, but take pride in the fact that
you have made it in life with God's grace.

※

겸손함은 감사함의 중요한 요소이다.
하지만 지나치게 겸손한 것은
스스로의 영혼이 가치 없다고 느끼게 만들 수 있다.
겸손해라.
하지만 신의 은총과 함께
당신이 이룬 것에 대해 자부심을 가져라.

- 실비아 브라운 -

Strength is nothing more than enduring life—
to be able to survive the heartaches and
agonies we go through with our heads held high.
Sometimes just walking through adversity
to get to the other side is a sign of strength.

힘은 마음의 고통과 괴로움에서 살아남기 위해
삶을 견뎌내는 것을 의미한다.
반대편으로 가기 위해 역경을 이겨내는 것은
바로 그 힘의 징표이다.

- 실비아 브라운 -

In order to create success
and money in your life,
your intent and focus must be clear.
You can then let the universe
take care of the details.

※

삶에서 성공과 부를 쟁취하기 위해서는
당신의 목적과 초점이 분명해야 한다.
그것이 이루어지면
나머지는 자연스럽게 따라올 것이다.

— 디팩 초프라 —

When an obstacle arises
in one of your relationships,
know that you can replace any
fearful feelings with those of love.

당신의 관계에서 장애물을 만날 때 이것을 명심해라.
사랑으로 두려움을 바꿀 수 있다는 것을 말이다.

- 디팩 초프라 -

If you want money in your life,
then you must welcome it, be open to it,
and treat it with respect.
Your beliefs and your attitudes are
what make you feel rich
and free to trust yourself,
knowing that you will always
take the right actions with your money.

※

삶에서 부를 쟁취하고 싶다면
우선 그것에 대해 열린 마음을 가져야 한다.
그리고 그것을 존중할 줄 알아야 한다.
당신의 믿음과 태도가 당신을 부유하게 만들고
당신이 그 부를 항상 올바르게 쓸 것이라는
믿음을 갖도록 하는 것이다.

- 수지 오먼 -

Once you free your notion of self-worth
from the bonds of material things,
you will "need" less and you will spend less.
As your self-esteem rises,
your debt will diminish.
Call it a law of financial physics!

※

물질의 끈으로부터 자아를 확립할 수 있다면
당신은 덜 요구하고, 덜 쓰게 된다.
당신의 자존감이 높아질수록
당신의 빚은 줄어들 것이다.
이것이 바로 경제 물리학의 법칙이다!

- 수지 오먼 -

Make others the focal point.
Give generously, listen intently,
praise freely, and love unceasingly.
Take the spotlight off yourself
and shine it on others.

✵

다른 사람들에게 초점을 맞춰라.
많이 베풀고, 잘 들어주어라.
칭찬을 아끼지 말고 끝없는 사랑을 주어라.
당신에게 맞춰진 조명을 끄고 다른 사람을 비추어라.

– 태비스 스마일리 –

Forgive your parents, forgive your siblings,
forgive your mate, forgive your friends,
and forgive your enemies.
Above all, forgive yourself.

※

부모님을 용서해라, 형제자매를 용서해라.
당신의 친구를 용서하고 당신의 적을 용서해라.
무엇보다 스스로를 용서해라.

- 태비스 스마일리 -

Part of working on yourself is learning
how to support another person in being
the best they can be partners are meant
to help each other access the highest
parts within themselves.

※

스스로에게 공을 들이는 것은
다른 사람이 최고가 될 수 있도록
도와주는 법을 배우는 것과 같다.
그렇기에 배우자라는 것은
서로 간에 최고의 것을 이끌어낼 수 있도록
도와주는 존재인 것이다.

- 마리안 윌리엄슨 -

Achievement doesn't come from what you do,
but from who you are.
Your worldly power results from
your personal power.
Your career is an extension
of your personality.

성취는
당신이 지금 하고 있는 것에서 오는 것이 아니다.
그것은 당신이 어떤 사람인지에서 나오는 것이다.
당신의 세속적인 힘은
당신의 개인적인 힘에서 나온다.
그리고 당신의 직업은
당신의 성격의 연장인 것이다.

- 마리안 윌리엄슨 -

Begin today with the image of the end
of your life as your frame of reference
by which everything else is examined.
Each day will then contribute to the vision
you have of your life as a whole.

당신의 삶의 마지막의 모습을 그리며
하루를 시작해라.
하루하루가 당신이 바라왔던 삶 전체의 모습에
가까워지고 있음을 느낄 수 있을 것이다.

- 스티븐 R. 코비 -

The next time you have a disagreement
or confrontation with someone,
attempt to understand that person's concerns.
Address these issues in a creative and
mutually beneficial way.

※

누군가에게 동의하지 않거나
서로의 의견이 대립할 때
그 사람의 관심사가 무엇인지 이해해라.
그리고 창의적이고 성숙한 방법으로
문제를 풀어나가라.

- 스티븐 R. 코비 -

What's the big hurry?
You're not ever going to get it done,
so what are you racing toward?
Every single activity that you're involved
in is for one purpose only,
and that is to give you a moment of joy.
Lighten up. Laugh more. Appreciate more.
All is well.

⁕

왜 서두르는가?
그런 방식으로는 절대 그것을 마칠 수 없을 것이다.
그럼 어디를 향해 가야 할까?
당신이 하는 모든 활동 각각은
한 가지의 목적만을 위한 것이다.
그리고 그것이 당신에게 즐거움의 순간을 줄 것이다.
불을 밝혀라. 더 많이 웃어라. 그리고 감사해라.
모든 것이 잘될 것이다.

― 아브라함 힉스 ―

Reach for the feeling of well-being first,
and everything else will fall into place.
Be selfish enough to follow your bliss,
and you will tap in to the natural, pure,
positive essence of you.

더 나은 삶을 살기 위해 노력해라.
그러면 그 밖에 모든 것은 제자리를 찾아갈 것이다.
스스로의 행복을 찾을 만큼은 이기적이어도 좋다.
당신은 자연스럽고 순수하며 긍정적인
당신의 본모습에 다가갈 수 있을 것이다.

- 아브라함 힉스 -

It's important to only think about
what you desire, not what you fear.

※

당신이 두려워하는 것 말고
당신이 소망하는 것에 집중해라.

- 도린 버추 -

Know that you deserve to receive
good in all ways.

※

당신은 좋은 것을 누릴 자격이 있다.

- 도린 버추 -

By doing your best,
the habits of misusing your word,
taking things personally,
and making assumptions will become
weaker and less frequent with time.

※

최선을 다함으로써 나쁜 말을 하는 습관,
비틀어 생각하고 의심하는 태도는
시간이 지날수록 점점 더 약해지고
덜 빈번해질 것이다.

– 돈 미겔 루이스 –

Love yourself, love your neighbor,
love your enemies, but begin with self-love.
You cannot love others until you love yourself.
You cannot share what you do not have.
If you do not love yourself,
you cannot love anyone else either.

스스로를 사랑해라.
이웃을 사랑하고, 당신의 적을 사랑해라.
하지만 이 모든 것을
스스로에 대한 사랑에서부터 시작해라.
스스로를 사랑하지 못하면
다른 사람을 사랑할 수 없고,
당신에게 없는 것이라면
다른 사람과도 나눌 수 없는 것이다.

- 돈 미겔 루이스 -

Celebrate all that is good and
blessed about your life,
realizing that gratitude is a powerful remedy.
Appreciating your blessings increases
the vitality of your life force.

※

당신의 삶에 축복과
당신이 가진 좋은 것들을 기쁘게 여겨라.
또한 감사하는 태도가
가장 강력한 치료제라는 것을 기억해라.
받은 축복을 감사하게 여길 줄 아는 것은
당신의 생명력에 활기를 불어넣어 줄 것이다.

- 캐롤라인 미스, 피터 오키오그로소 -

Even the slightest change in your diet
can generate a new body and a fresh mind.
Avoid eating anything today that
creates conflict in you.
Observe how instantly your body
manifests a grateful feeling.

식단에 아주 작은 변화가 당신의 몸을 새롭게 하고
신선한 마음을 줄 수 있다.
당신 안에서 갈등을 불러일으키는 무언가를
먹지 말고 얼마나 빈번하게 당신의 몸이
좋은 느낌을 보내는지 관찰해야 한다.

- 캐롤라인 미스, 피터 오키오그로소 -

Even though there may be one truth,
be aware that many approaches
lead to this truth.

※

비록 한 개의 진실만이 존재한다고 할지라도
그 진실에 닿기 위해서는
수많은 길이 있다는 것을 알아야 한다.

- 브라이언 L. 와이스 -

You will not die when your body dies.
A part of you goes on.
You will be reunited with your loved ones
because they're also immortal.

※

당신의 육체가 죽을 때까지
당신은 죽은 것이 아니다.
당신의 일부분이 계속 존재하는 것이다.
그리고 당신은 당신의 사랑하는 사람들과
하나가 될 수 있을 것이다.
그들 역시 당신처럼 죽어도
죽은 것이 아니기 때문이다.

- 브라이언 L. 와이스 -

Understand the power of partnership—whenever
you work with one or more synergistically,
your power becomes exponentially greater
than it could ever be individually.

협력이 갖는 힘을 이해해야 한다.
당신이 한 명 이상의 사람들과 협력하면,
당신이 갖고 있는 힘도
혼자서 일할 때보다 기하급수적으로 강력해진다.

- 크리스티안 노스럽 -

Your intellect must always serve
the wisdom of your heart.
Allow them to be partners.
The mind is a great servant
but a tyrannical ruler.

※

지성이 지혜를 보필해야 한다.
둘은 협력해야 한다.
마음은 충실한 하인이면서,
독단적인 통치자이기도 하다.

- 크리스티안 노스럽 -

Take a 30-second vacation.
Go within and focus on the positive,
thereby creating an attitude built of strength,
courage, and infinite possibilities.

30초간 여행을 떠나라.
내면 깊숙이 들어가, 긍정적인 생각에 몰두하라.
그래서 힘과 용기, 무한한 가능성으로 다져진
태도를 갖춰라.

- 키스 D. 해럴 -

The difference between ordinary and
extraordinary is that little "extra."
Today, demand more of yourself
than you or anyone else can expect.

보통과 뛰어남의 차이점은 거의 없다.
오늘은 당신을 포함해서
모두가 기대하는 것 이상으로
스스로 다그쳐보아라.

- 키스 D. 해럴 -

Set boundaries.
Protect your precious time and energy.

※

선을 그어라.
당신의 소중한 시간과 에너지를 보호하라.

- 쉐릴 리처드슨 -

Take a risk.
You have the power
within to move mountains.

위험을 감수하라.
당신에게는 산을 옮길 힘이 있다.

- 쉐릴 리처드슨 -

God is watching out for you.
If you ask Him, He'll tell you where not to go.
Your part is to pray for protection from evil,
to thank Him for His care, and to obey.

※

신이 당신을 지켜보고 계신다.
만약 당신이 신께 답을 구한다면,
신은 당신이 어디로 가야 하는지 알려주실 것이다.
당신이 할 일은 다만
악으로부터 구해 주시길 기도하고,
신의 보살핌에 감사드리고, 신께 복종하는 것이다.

- 브루스 윌킨슨 -

If sin is the problem,
repent and turn around.
You'll never regret it.

※

죄가 마음에 걸린다면, 회개하고 돌아서라.
절대 후회하지 않을 것이다.

- 브루스 윌킨슨 -

Are you willing to stop "people-pleasing" today?
The best way to honor yourself is
to mean no when you say no,
and yes only when you really want to say yes!

※

"사람들을 즐겁게 하는 일"을 그만두고 싶은가?
자신을 존중한다면, 싫을 때 싫다고 말하고,
진심으로 좋을 때만 좋다고 말하라!

– 이얀라 반젠트 –

Until today, you may not have understood
that harboring feelings creates
tension in a relationship,
and that what you feel is an important
step toward healing yourself and another.
Just for today, lovingly express your feelings
in a way that honors yourself and others.

※

이제까지는 가슴속에 품고 있는
감정들 때문에 당신이 인간관계에서
움츠러든다는 것을 몰랐을 것이다.
또 감정을 느끼는 것이 자신과 타인을
모두 치유하는 첫걸음이라는 것도 몰랐을 것이다.
단, 오늘은 자신과 다른 사람을 존중하면서,
마음껏 감정을 표현해 보아라.

- 이얀라 반젠트 -

We fear facing life alone.
For fear of not fitting in, we take the drugs.
For fear of standing out, we wear the clothes.
For fear of appearing small,
we go into debt and buy the house.
When you know that God loves you,
you won't be desperate for the love of others.

※

우리는 혼자서 세상에 맞서기를 두려워한다.
무리에 섞이지 못할까 봐 마약을 한다.
개성 있게 보일까 봐 평범한 옷을 입는다.
초라해 보일까 봐 대출을 받아서 집을 사게 된다.
단, 신께서 당신을 사랑한다는 사실만 이해한다면,
당신은 타인에게서 사랑을 애걸하지 않을 것이다.

- 맥스 루케이도 -

So what if someone was born thinner
or stronger or lighter or darker than you?
Why count diplomas or compare résumés?
What does it matter if they have a place
at the head table?
You have a place at God's table.

※

누가 누구보다 약하든 강하든,
하얗든 검든 무슨 소용인가?
대학 학위가 왜 그토록 대수이며,
이력서는 왜 비교하는가?
그들이 중요한 자리에 앉는 것이
뭐가 그토록 중요한 일인가?
당신은 신의 자리에 함께 앉아 있다.

- 맥스 루케이도 -

Allow and empower someone you trust
to guide you on your path.

※

당신이 신뢰하는 사람이
당신에게 길을 안내하도록 허락하고 힘을 부여하라.

- 셰리 카터 스콧 -

Embrace another in their totality,
and support them in all their dreams.

※

다른 사람을 온전히 포용하고,
그들의 꿈을 전적으로 지지하라.

- 셰리 카터 스콧 -

Pull divine love out of the bag
of your own personal energy,
and face yourself in a forgiving way.
Forgive the child inside.

내면으로부터 신성한 사랑을 끌어 모아,
용서하는 마음으로 자신을 마주하라.
당신 내면의 아이를 용서하라.

- 크라이언 -

When you call upon the love of God
and exercise pure intent,
there will be miracles.

당신이 신께 사랑을 구하고,
순수한 의도로 무엇을 행하려 한다면,
기적이 일어날 것이다.

- 크라이언 -

You've made some bad choices,
you've made some good choices,
and you've made some so-so choices.
Most important, they're yours—all of them.

✳

당신의 선택이 좋지 않은 적도 있었고,
좋은 적도 있었고, 그저 그런 때도 있었을 것이다.
가장 중요한 것은 당신이 선택한 것이
모두 당신 것이라는 사실이다.

- 앤 윌슨 셰프 -

What a delight to know that you have
within you all you need in order to know
and experience your spirituality.
You are your spirituality.
You need only step out of the way.

※

기쁘게도 당신은 성령을 이해하고 경험하기 위해
필요한 모든 것을 이미 당신 안에 갖추고 있다.
당신 안에 이미 성령이 존재한다.
다만 당신이 길을 비켜줘야 한다.

- 앤 윌슨 셰프 -

Men, take her side when she's
upset with someone.
Women, tell him "It's not your fault."

※

남성들이여,
여성이 다른 사람 때문에 화가 나 있을 때는
무조건 여성의 편을 들어라.
여성들이여,
남성에게는 "당신 잘못이 아니야."라고
말해 줘라.

- 존 그레이 -

She values love, communication,
beauty and relationships.
He values appreciation, admiration,
recognition, and trust.

※

여성이 소중히 다루는 것들은
사랑과 소통, 아름다움, 관계이다.
남성이 소중히 여기는 것들은
감사와 존경, 인정, 신뢰이다.

- 존 그레이 -

Use a kindergarten classroom
as a model for organizing any space.
Identify three to five main
functions for your room,
and divide the space into
corresponding activity zones.

※

당신이 방을 정리하려고 한다면,
유치원을 떠올려라.
먼저 방이 쓰이는 용도를
세 가지에서 다섯 가지로 정의하고,
그 공간을 쓰임에 맞도록 활동 구역으로 구분하라.

- 줄리 모건스턴 -

Some memorabilia is a wonderful treat—
too much is overwhelming.
Turn a beautiful trunk into a treasure box,
and keep only what will fit inside.

기념품은 적당히 담으면 훌륭한 추억이지만,
지나치게 많으면 오히려 부담스럽다.
당신의 여행 가방을 보물 상자라고 생각하고,
꼭 들어가는 것만 담아보아라.

- 줄리 모건스턴 -

Rejoice in your sexuality.
It's normal and natural for you.
Appreciate the pleasure your body gives you.
It's safe for you to enjoy your body.

성생활이 주는 기쁨을 만끽하라.
정상적이고 자연스러운 행위이다.
몸에서 느낄 수 있는 즐거움을 누려라.
자신의 몸이 주는 기쁨을 즐기는 것은 안전하다.

- 루이스 L. 헤이 -

Money is energy and an exchange of services.
How much you have depends on
what you believe you deserve.

※

돈은 원동력이면서,
각자가 제공하는 것의 교환이다.
당신이 얼마를 버느냐는
당신이 스스로 얼마를 받아야 마땅하다고
생각하는지를 드러낸다.

– 루이스 L. 헤이 –

Being relaxed, at peace with yourself,
confident, emotionally neutral, loose,
and free-floating—these are the keys to
successful performance in almost
everything you do.

※

당신이 무엇을 하든지, 긴장을 풀고,
마음의 평화를 찾고, 감정을 추스르고,
여유를 찾고 자유롭게 생각하면,
반드시 성공할 것이다.

- 웨인 W. 다이어 -

The choice is up to you.
It can either be "Good morning, God!"
or "Good God—morning!"

※

당신이 선택하라.
"신이시여! 좋은 아침입니다!"인지
"오, 신이시여! 또 아침입니까!"인지 말이다.

– 웨인 W. 다이어 –

I believe that you must
forgive whenever possible,
but sometimes there are certain things
or people you cannot forgive,
no matter how hard you try.
This is when you must give it to God,
for God is greater than you are
and can take care of whatever you can't.

※

최대한 용서해야 한다.
하지만 아무리 노력해도
용서할 수 없는 것 또는 사람들도 있다.
그럴 때는 신께 맡겨라.
신은 당신보다 위대하며,
당신이 할 수 없는 것도 돌보신다.

- 실비아 브라운 -

Rumors will always abound,
and the more you do in life,
the more you'll be a target.
If you're doing what you fell God want's
then rumors won't hurt you.
But also be careful that you are not
the one starting or spreading rumors.

언제나 소문은 떠돌게 마련이다.
당신이 살면서 많은 것을 행할수록
더욱 소문에 오르내릴 것이다.
만약 당신이 신께서 하라는 것을 행한다면,
소문이 당신을 다치게 하는 일은 없을 것이다.
하지만 당신이 스스로
소문을 지어내거나 퍼뜨리지 않도록 조심하라.

- 실비아 브라운 -

When you allow yourself to be unpredictable,
you step from the known into the unknown,
where anything is possible.

당신이 예측불허의 삶으로 옮겨가는 순간,
앎의 삶에서 미지의 삶으로 옮겨가는 순간,
모든 것이 가능하다.

- 디팩 초프라 -

Being in love can make you feel so powerful—
it can make you feel as if all kinds of wild
and wonderful things are possible.

사랑에 빠진 사람은 강하다.
무엇이든 거친 것도, 멋진 일들도
모두 가능할 것처럼 보인다.

- 디팩 초프라 -

Ask yourself, "what am I telling myself
I can't do with respect to money?"
Once you've faced your fears and have achieved
one of those things you thought you couldn't do,
then you'll have to wonder what else you're
not doing in your life that you obviously
can accomplish.

※

스스로 질문하라.
"금전적으로 내가 절대
손에 넣을 수 없는 것이 무엇인가?"
일단 자신이 품고 있는 두려움을 마주하고,
절대로 불가능할 것이라고 생각한 것을 성취하고 나면,
그 다음으로 당신이 성취할 수 있음에도
실천하지 않고 있는 것이 무엇인지
곰곰이 생각해 보아라.

- 수지 오먼 -

What happens to your money
directly affects the quality of your life—
not your stockbroker's life
or your banker's life, but your life.

※

당신의 돈에 일어나는 일은
당신의 삶의 질에 직접적으로 영향을 미친다.
증권회사 직원이나 은행 직원의 삶이 아니라,
당신의 삶에 영향을 미친다.

- 수지 오먼 -

For better or worse, you're responsible
for everything in your past and future.
Don't blame your parents,
your teachers, or your boss.
Take it on yourself.

※

좋든 싫든
당신은 과거에 한 일과 미래에 할 일에
책임이 있다.
부모님이나 선생님, 상사를 탓하지 마라.
스스로 책임져라.

- 태비스 스마일리 -

Surround yourself with people
of equal or greater ability,
aptitude, and experience.
Tap in to new talent,
and experience greater growth.
Not only will you benefit,
but those around you will also prosper.

☀

능력과 적성, 경험이 당신과 비슷하거나
당신보다 뛰어난 사람과 어울려라.
새로운 재능을 발견하고, 더욱 성장하라.
당신에게도 도움이 되고,
당신을 둘러싼 사람들에게도 도움이 될 것이다.

- 태비스 스마일리 -

Life is much more than the life of the body;
life is an infinite expanse of energy,
a continuum of love in countless dimensions.
You have been alive forever,
and you will be alive forevermore.

※

삶이란 육체에만 국한된 것이 아니다.
삶은 생명력이 무한히 확장하고,
사랑이 무궁무진하게 계속되는 것이다.
당신은 영원을 살아왔고,
앞으로도 영원히 살아 있을 것이다.

- 마리안 윌리엄슨 -

Your greatest opportunity to positively
affect another person's life is to accept
God's love into your own.
By being the light,
you shine the light—on everyone
and everything.

※

타인에게 긍정적인 영향을 미치고 싶다면,
당신 안으로 신의 사랑을 받아들여라.
당신이 빛이 됨으로써,
모든 사람과 모든 사물에도 불을 밝힐 수 있다.

- 마리안 윌리엄슨 -

Look at the weaknesses of others
with compassion, not accusation.
It's not what they're doing
or should be doing that's the issue.
The issue is your own chosen
response to the situation and
what you should be doing.

※

타인의 약점을 따뜻한 시선으로 바라보되,
비난하지 마라.
중요한 것은 다른 사람이 무엇을 하는지,
해야 하는지가 아니다.
중요한 것은 당신이 어떻게 반응할 것이며,
당신이 무엇을 해야 하는가이다.

- 스티븐 R. 코비 -

Valuing the differences between
people is the essence of synergy.
Truly effective people have the humility
to recognize their own perceptual limitations
and appreciate the resources available
through interactions with other.

※

협력의 본질은
사람들 사이에 차이를 인정하는 것이다.
효율적인 사람은
자신에게도 한계가 있음을 인정하고,
다른 사람과 소통해서 얻을 수 있는
혜택을 이해할 수 있다.

- 스티븐 R. 코비 -

No effective guidance will ever be achieved
by seeking the approval of others,
for they all desire different things of you.
Constant, pure guidance from source
comes forth from within you.
It is always there.

※

다른 사람들에게서 인생의 답을 구할 수는 없다.
사람들은 당신에게
각기 다른 것을 기대할 것이기 때문이다.
실제적이고 영구적인 답은 당신 안에 존재한다.
언제나 답은 거기에 있다.

- 아브라함 힉스 -

The essence of all that you appreciate is
constantly flowing into,
and creating, your reality.
As you appreciate,
your state of appreciation opens more
channels that allow you more for
which to feel appreciation.

※

현실에서 감사할 일은 끊임없이 생겨나고 있다.
당신이 감사할수록
앞으로 감사할 일이 더 많이 생겨난다.

- 아브라함 힉스 -

Work on becoming more
authentic and sincere.
Release all pretensions
and the need for appearances.

더 진중하고 신실하려고 노력하라.
허례허식과 잘 보이기 위한 노력을 그만두어라.

- 레온 낵슨 -

Spontaneously engage in acts of
benevolence and generosity.

자발적으로 자선과 관용을 베풀어라.

- 레온 낵슨 -

Your heart can create any amount of love,
not just for yourself, but for the whole world.
Open your heart, open your magical kitchen,
and refuse to walk around the
world begging for love.
In your heart is all the love you need.

※

마음만 먹으면 당신은 자신과 더불어
전 세계를 사랑할 수도 있다.
마음의 곳간을 열고,
세상으로부터 사랑을 구걸하지 마라.
이미 당신 안에 당신이 필요한 사랑이
모두 담겨 있다.

- 돈 미겔 루이스 -

What others say and do is a projection
of their own reality, their own dream.
When you are immune to the
opinions and actions of others,
you won't be the victim of
needless suffering.

※

타인이 하는 말과 행동에는
그의 가치관과 소망이 담겨 있다.
타인의 견해와 행동에 영향을 받지 않는다면,
당신은 불필요한 고통을 피할 수 있다.

- 돈 미겔 루이스 -

For this day, acknowledge the
restoring power of hope.
Direct that power to bless
all that needs healing in your life,
including your negative attitudes
and disappointments.

※

희망은 치유하는 힘이 있다.
당신의 인생에서 치유가 필요한 곳에
이 힘을 써라.
부정적인 태도와 좌절한 경험들까지도 말이다.

- 캐롤라인 미스, 피터 오키오그로소 -

Illness can be a teacher, companion,
or challenge—but not a punishment.
Still, sometimes its message isn't clear.
Ignore the illness.
Look for stimulation in the knowledge
that you can heal in an instant.

※

질병은 스승이자 동지이자 도전이 될 수는 있어도
벌이 될 수는 없다.
질병이 전하는 메시지가 무엇인지는
여전히 불분명하다.
당장 나을 수 있는 방법을 찾아보아라.

- 캐롤라인 미스, 피터 오키오그로소 -

You may find that your mind is
usually filled with unimportant thoughts.
Focus on your breath or your steps.
Focus on your steps.
Every breath is holy; every step is sacred.

※

머릿속이 불필요한 생각들로 가득할 때가 있다.
그럴 때는 숨이나 걸음에 집중해 보아라.
숨마다, 걸음마다 신성함이 깃들어 있다.

- 브라이언 L. 와이스 -

You won't miraculously become happy
if someone else changes,
or if the outside world changes,
but only if you change.

※

다른 사람이 변하거나 세상이 변한다고 해서
당신이 갑자기 행복해지지는 않는다.
다만 당신이 변하면, 행복해질 수 있다.

- 브라이언 L. 와이스 -

Be willing to admit that you're wrong
or have made a mistake.
It's the only way to learn.

※

잘못이나 실수를 저지른 것을 기꺼이 인정하라.
모르는 것을 배우는 유일한 길이다.

- 크리스티안 노스럽 -

Give thanks for the great artists,
musicians, scientists, and so on,
whose work and vision uplift us all.
Whether expressing yourself or
appreciating the expression of others,
you are part of this magnificent
circle of self-expression.

우리에게 영감을 주는
모든 화가와 음악가, 과학자에게 감사하라.
당신이 직접 표현하든
타인이 표현하는 것을 감상하든,
자기표현을 실현하고 있다.

- 크리스티안 노스럽 -

Begin to see the invisible··· so that
you can do the impossible.
Your positive attitude enables
you to see beneath the surface so that
you can accomplish anything you want.

※

보이지 않는 것이 보이기 시작하면,
불가능한 것도 해낼 수 있다.
긍정적인 태도를 가지면,
표면에서 보이지 않는 것들이 보이기 시작하며,
모든 것을 이룰 수 있다.

- 키스 D. 해럴 -

Tap in to the unlimited mind of creation
and draw from it the right thoughts, plans,
and actions that will lead you to your
ultimate success.

창의력을 마음껏 확장하고,
거기서 당신이 성공에 이르는 데 필요한
생각과 계획, 행동들을 꺼내 써라.

- 키스 D. 해럴 -

Play with a child.
Children are your greatest teachers.

아이와 시간을 보내라.
아이는 가장 훌륭한 선생이다.

- 쉐릴 리처드슨 -

Ask for help.
Receiving is an act of generosity.

※

도움을 청하라.
도움을 받을 줄 아는 것은
관용을 베풀 줄 아는 것이다.

- 쉐릴 리처드슨 -

God has entirely different ways of enlarging
your influence and impact.
He will arrange circumstances and
opportunities that are more strategic for you.
It will be as if God has become
your master scheduler.

신께서는 당신의 영향력과 역할을 넓힐 수 있는
무수히 많은 방법들을 알고 계신다.
신은 당신에게 가장 잘 맞는 환경과
기회들을 준비할 것이다.
신은 당신의 계획자이시다.

- 브루스 윌킨슨 -

God doesn't expect you to seek
out or enjoy His correction.
If you're being disciplined,
He wants you to get out of it
even more than you want to.

※

신은 당신이 벌을 구하거나
심지어 즐기는 것을 바라지 않는다.
신도 당신만큼이나 당신이 통제받는 것을
원하지 않는다.

- 브루스 윌킨슨 -

Where in your life are you avoiding a choice?
Are you willing to make self-honoring
choices today?
If you don't make clear and conscious choices,
you'll be stuck with whatever shows up.

당신이 살아가면서
선택을 미루고 있는 부분이 있는가?
오늘은 기꺼이 스스로를 존중하는
선택을 내리고 싶은가?
당신이 분명히 결단하지 않으면,
되는 대로 나타나는 결과에 묶이게 될 것이다.

– 이안라 반젠트 –

Until today, you may have been waiting for
someone to tell you something or give you
something that would make you feel okay.
Just for today, give yourself permission
to be okay with yourself.
Accept that who you are and
where you are—is just right!

※

이제까지는 누군가 당신에게
이렇게 하면 된다고 말해 주길 기다렸다면,
오늘은 스스로 이렇게 해도 좋아 하고
허락해 보아라.
정답은 당신을 있는 그대로 받아들이는 것뿐이다!

- 이얀라 반젠트 -

Your heart is not large enough to contain
the blessings that God wants to give.
He pours and pours until they literally
flow over the edge and down on the table.
The last thing you need to worry
about is not having enough.

※

당신의 마음은 신의 축복을 모두 담을 수 없다.
신께서는 그야말로 흘러넘치도록
축복하고 또 축복하신다.
신의 축복이 부족하다는 것은 있을 수 없는 일이다.

- 맥스 루케이도 -

Don't start tackling tomorrow's
problems until tomorrow.
You don't have tomorrow's strength yet.
You simply have enough for today.
We don't need to know
what will happen tomorrow.

내일의 문제는 내일 생각하라.
당신은 내일의 문제를 해결할 힘이 없다.
오직 오늘을 살 힘을 갖고 있을 뿐이다.
내일 무슨 일이 일어날지 알려고 할 필요는 없다.

- 맥스 루케이도 -

Formulate markers that acknowledge
your progress and show you where
energy or effort is needed.

※

당신이 얼마나 발전했으며,
앞으로 노력이 필요한 곳은 어디인지
자세히 표시하라.

- 셰리 카터 스콧 -

Live in alignment with your values,
vision, abilities, and potential.

※

당신의 가치관, 비전, 능력, 잠재력에
걸맞게 살아라.

- 셰리 카터 스콧 -

Assemble together and provide positive thought
energy for the planet and the Human race.
In the new energy, you can create a great deal
more than the sum of the whole.

긍정의 기운과 생각들을 모두 모아서,
지구와 인류를 이롭게 만드는 데 써라.
새로운 기운 안에는
개인의 힘보다 위대한 힘이 담겨 있다.

- 크라이언 -

The earth and the Human in lesson
are an inseparable partnership.
You cannot be balanced unless
you understand your root partnership
with the planet—through your connection
with the heart of the earth.

※

지구를 이해하지 않으면, 아무것도 배울 수 없다.
언제나 인간과 지구의 근본적인 관계를 이해해야 한다.
당신과 지구는 하나로 연결되어 있다.

– 크라이언 –

When you speak the truth as best you can,
you're adding to the
healing energy of the universe.

※

당신이 진실을 말하면,
우주가 한결 치유된다.

- 앤 윌슨 셰프 -

You can never repay all you've
been given by the creator.
Accept the gifts.
Live and share them.

※

창조주에 보답할 길은 없다.
단지 당신이 부여받은 재능을 받아들여라.
그리고 살아가면서 다른 사람에게 재능을 베풀어라.

- 앤 윌슨 셰프 -

Men, think out your thoughts
before you express anger toward her.
Women, use soft language when you express
your anger toward him.

※

남성들이여,
그녀에게 화내기 전에 충분히 생각하라.
여성들이여,
그에게 분노를 표현할 때에
한층 부드러운 언어를 사용하라.

- 존 그레이 -

Feminine awareness is expansive—taking in
the whole picture to discover the parts within.
Masculine awareness tends to be sequential—
building a complete picture from each part.

여성은 포괄적으로 인지한다.
즉, 전체적인 그림 안에서 부분을 파악한다.
남성은 순차적으로 인지한다.
즉, 각 부분을 구성해 나가면서,
완전한 그림을 완성한다.

- 존 그레이 -

If you put something in its proper home,
you'll feel so good when you go to
look for it—and there it is!

※

제자리에 물건을 놓아두면,
다시 찾으러 갔을 때 기분이 아주 좋아진다.
늘 제자리에 있다!

- 줄리 모건스턴 -

Chaos can provide a sense of comfort, safety,
distraction, and protection in your life.
Identify the hidden stakes
you may have in clutter.

※

혼돈 속에 안락함과 안전함,
휴식, 보존이 있을 수도 있다.
당신의 혼잡한 무더기 안에서
뜻밖의 수확을 거두어 보아라.

- 줄리 모건스턴 -

Say "out" to every negative thought
that comes into your mind.
No person, place,
or thing has any power over you,
for you are the only thinker in your mind.
You create your own reality
and everyone in it.

※

머릿속에 밀려드는 부정적인 생각들에
"나가!"라고 명령하라.
당신이 아니면, 어떤 사람이나 장소, 물건도
당신의 머릿속을 지배할 수 없다.
당신만이 당신이 살아가는 현실과
그 안에 사람들을 만들어낼 수 있다.

- 루이스 L. 헤이 -

You are the only person who has control
over your eating habits.
You can always resist something
if you choose to.

※

당신만이 식습관을 통제할 수 있다.
당신이 원한다면, 언제든 나쁜 것을 거부할 수 있다.

- 루이스 L. 헤이 -

Treasure your physical being as a vehicle
that houses your soul.
Once you have the inner way,
the outer way will follow.

※

육체는 정신을 나르는 수단이다.
내면을 다스리면, 외면도 다스릴 수 있다.

– 웨인 W. 다이어 –

You get world peace through inner peace.
If you've got a world of people
who have inner peace,
then you have a peaceful world.

※

내면의 평화는 곧 세계 평화로 이어진다.
만약 세상 사람들이 모두 내면이 평화로우면,
세계도 평화로울 것이다.

- 웨인 W. 다이어 -

Everyone has the ability to be psychic
(but not necessarily be a psychic).
If you do decide to follow this path,
have the courage to go
with your first impression,
and don't be afraid you'll be wrong.
Get your ego out of the way,
and get in touch with your own intuition.

누구나 초자연적인 힘을 가질 수 있다.
(모두가 초능력자가 될 수 있다는 뜻은 아니다)
만약 정말로 초자연적인 힘을 발휘하고 싶다면,
끝까지 자신을 믿어야 한다.
의식적인 자아를 없애고, 오로지 본능에 닿아야 한다.

- 실비아 브라운 -

If you feel bored, do something,
for there is always something to do,
see, or explore in this world.
Keep in mind that boredom can
also cause depression,
so get out there and live!

삶이 지루하다면, 무엇이든 하라.
세상에는 언제나 보고 느낄 것들이 있다.
지루한 삶은 우울증을 일으킬 수 있으니,
당장 밖으로 나가 적극적으로 살아라!

- 실비아 브라운 -

Meditation allows you to go beyond the mind
and get in touch with spirit.
Get to know the "unified field" intimately,
where true success in all fields of
endeavor is possible—instantly.

※

명상으로 생각에서 벗어나 성령에 닿을 수 있다.
"통합의 장"을 이해하라.
그곳에서는 무엇이든 노력하면 '즉시' 가능하다.

- 디팩 초프라 -

What you dismiss as an ordinary
coincidence may be an opening
to an extraordinary adventure.

당신이 무심코 지나친 평범한 일이
어쩌면 흥미진진한 모험으로 통하는
길일 수도 있다.

- 디팩 초프라 -

When you understand that your self-worth
is not determined by your net worth,
then you'll have financial freedom.

당신이 갖고 있는 자신의 가치가
자산의 가치가 아님을 이해한다면,
돈으로부터 자유로워질 수 있다.

- 수지 오먼 -

Giving money month-in, month-out,
is a way of saying thank you to the world,
and also a way of saying please.
A pure, charitable gift will always
be returned—many times over.

※

매달 기부하면서,
당신은 세상에 감사를 표하고
또 부탁할 수도 있다.
좋은 뜻으로 순수하게 자선하면,
언제나 곱절로 돌려받는다.

- 수지 오먼 -

What you say and how you say it creates
a lasting impression on all who hear you.
Expand your vocabulary,
and you will increase your impact.

※

당신이 말하는 것과 말하는 방식은
상대방에게 오랫동안 인상을 남긴다.
어휘력을 넓히면, 강한 인상을 남길 수 있다.

- 태비스 스마일리 -

Take your focus off of how others see you.
Cease being obsessed with the need
to impress your friends and your foes.
Keep your concern on the vision
you see in the mirror.
Don't allow the approval of others
to obstruct your view of you.

※

남들이 당신을 어떻게 보든 상관하지 마라.
벗과 적에게 깊은 인상을 남기려고도 하지 마라.
오직 거울에 비치는 미래에만 집중하라.
당신이 자신을 바라보는 데에
타인의 허락을 구하지 마라.

- 태비스 스마일리 -

Eating nutritious food supports you in living
lightly and energetically within the body.
In taking care of the body,
you take better care of the spirit.

※

몸을 가볍게 하고 활력을 얻고 싶다면,
영양이 풍부한 음식을 섭취하라.
신체를 돌보면, 정신도 더 잘 돌볼 수 있다.

- 마리안 윌리엄슨 -

Peace is much more than the absence of war
and violence; it is a condition unto itself.
The goal at this point must be the
creation of peace.
Without love, there is no peace.
Where love is absent,
war of some kind is inevitable.

※

평화는 전쟁과 폭력의 부재가 아니다.
평화는 그 자체로 하나의 상태이다.
우리는 평화를 창조해야 한다.
사랑이 없으면, 평화도 없다.
사랑이 없는 곳에는
어떤 형태로든 전쟁이 존재한다.

- 마리안 윌리엄슨 -

Believe in other people even if they
don't believe in themselves.
Listen to them and empathize with them.
Help them affirm their positive traits.
Doing so increases the opportunities for
interaction with other proactive people.

※

누군가 자신을 믿지 못해도,
당신이 그 사람을 믿어줘라.
그의 말에 귀 기울이면서, 공감하라.
그가 자신의 장점을 긍정할 수 있도록 도와줘라.
그러면 적극적인 사람과 교류하는 데에도
도움이 된다.

- 스티븐 R. 코비 -

To keep progressing, you must learn, commit,
and do—learn, commit, and do—and learn,
commit, and do all over again.

※

한 발 나아가고 싶다면,
배우고 결심하고 행동하기를 반복하라.

- 스티븐 R. 코비 -

Say little.
But when you speak,
utter gentle words that touch the heart.
Be truthful.
Express kindness.
Abstain from vanity.
This is the way.

※

적게 말하라.
단, 말할 때는 상대방의 마음을 움직여라.
진실한 사람이 되어라.
친절하게 표현하라.
허영을 버려라.
그것만이 길이다.

- 다니엘 레빈 -

Treat everyone and everything
with loving compassion.
When you see no difference between
the sacred and the profane,
the saint or the sinner,
that is the ultimate wisdom.

※

모든 사람과 모든 것을 사랑하는 마음으로 대하라.
신성한 것과 세속적인 것,
성자와 죄인을 구분하지 않을 수 있다면,
궁극의 지혜를 얻은 것이다.

— 다니엘 레빈 —

Always anticipate the best outcome
for yourself and others.

언제나 자신과 타인에게 최선의 결과를 기대하라.

- 레온 낵슨 -

Strive to achieve your heart's desires
and to release the desires
that do not serve you.

※

마음이 좇는 것을 성취하려고 노력하되,
마음에 없는 욕심을 버려라.

- 레온 낵슨 -

When you hear an opinion and believe it,
you make an agreement and it
becomes part of your belief system.
The only thing that can break this agreement
is to make a new one based on truth.
Only the truth has the power to set you free.

※

만약 당신이 어떤 견해를 듣고 사실로 믿는다면,
당신은 그것에 동의하고 당신의 신념에 포함시킨다.
사실에 근거한 새로운 견해가 나타나기 전까지,
당신은 동의한 것을 무르지 않는다.
오직 진실이 당신을 자유롭게 한다.

- 돈 미겔 루이스 -

If you have the eyes of love,
you see love wherever you go.
The trees are made with love.
The animals are made with love.
Everything is made with love.
When you perceive with the eyes of love,
you see God everywhere.

※

눈에 사랑이 담겨 있다면,
당신은 모든 것에서 사랑을 발견한다.
나무도 사랑으로 만들어진다.
동물도 사랑으로 만들어진다.
모든 것이 사랑으로 만들어진다.
당신이 눈에 사랑을 담고 있으면,
눈길이 닿는 곳마다 신을 볼 수 있다.

- 돈 미겔 루이스 -

Scale the wall of negativity and self-doubt
and refuse to allow any obstacle to separate
you from the attainment of your dreams.

※

비관과 자기의심의 벽을 허물어라.
당신이 꿈을 이루는 데에
방해가 되는 걸림돌을 모두 거부하라.

- 키스 D. 해럴 -

Today's preparation determines
tomorrow's achievement.
Live each day preparing for the multitude
of opportunities that are to come.

오늘 준비하면, 내일 성취할 수 있다.
앞으로 있을 기회들을 준비하면서 매일을 살아라.

- 키스 D. 해럴 -

Do something just for fun.
Pleasure is one of life's essential nutrients.

무엇이든 재미삼아 해보아라.
즐거움은 삶의 필수 영양소이다.

- 쉐릴 리처드슨 -

Own your magnificence.
The world needs your brilliance and grace.

※

훌륭한 사람이길 포기하지 마라.
세상은 당신의 빛과 자비가 필요하다.

- 쉐릴 리처드슨 -

Do something new—
or at least different—every day.
Know that life is never stuck,
stagnant, or stale,
for each moment is ever-new and fresh.

※

매일 새로운 것, 또는 적어도 다른 것을 시도하라.
결코 삶은 멈추거나 고이거나 낡은 것이 아니다.
매 순간이 새롭고 신선하다.

- 루이스 L. 헤이 -

From time to time,
ask those you love,
"How can I love you more?"
Enduring, loving relationships
will brighten your life.

당신이 사랑하는 사람들에게 가끔씩 물어보아라.
"당신을 더 사랑하려면 어떻게 해야 할까?"
서로 사랑하고 지속하는 관계는 삶을 빛나게 해준다.

- 루이스 L. 헤이 -

Do the right thing… especially when no one is watching.

옳은 일을 하라.
특히 당신을 지켜보는 사람이 없는 곳에서.

- 셰리 카터 스콧 -

Discover the blessings
you already have.

※

이미 당신이 누리고 있는 축복을 재발견하라.

- 셰리 카터 스콧 -

You are a piece of the chain of light
that is the universe itself—therefore,
you are indeed a part of God.

※

당신은 우주의 일부이므로
신의 일부이기도 하다.

- 크라이언 -

Celebrate your life no matter
where it takes you—no matter how
difficult—and know
that it is only a transition.

당신의 삶이 어떤 모습이든,
현재 얼마나 어렵든 기뻐하라.
다만, 과도기일 뿐이다.

- 크라이언 -

What wound have you left unhealed?
Are you willing to begin healing today?
An unhealed wound drains you of the
very energy needed to live beyond the wound.

내버려둔 상처가 있는가?
오늘 상처를 치유하고 싶은가?
방치된 상처는 상처를 넘어서는 데에 필요한
기력을 모두 소진해 버린다.

- 이얀라 반젠트 -

Until today, you may have been holding
on to things for fear that they would not
be replaced in your life.
Just for today, imagine what your life would
be like if you were to receive something better
than what you're holding on to right now.

※

다른 것으로 채울 수 없을 것이라고 생각해서
꼭 붙들고 있는 것들이 있을 것이다.
오늘 하루만이라도,
지금까지 붙잡고 있던 것보다
더 나은 것을 얻게 된다면
당신의 삶이 어떻게 달라질지 상상해 보아라.

- 이얀라 반젠트 -

From the dawn of time,
God has known you and loved you.
He's not waiting today for you
to get it together.
He's waiting for you to come
to Him with open,
empty hands.

※

세상이 생겨날 때부터 신은 당신을 알고 계시며,
당신을 사랑하신다.
신은 당신이 모든 것을 챙겨오기를 기다리지 않으신다.
다만 신은
당신이 온전히 빈손으로 오기를 기다리고 계신다.

- 브루스 윌킨슨 -

If your relationship with God is injured,
apologize today for your attitudes and thoughts.
Tell God you have misunderstood His
actions and badly misjudged His character.
Tell Him exactly how you have felt and why,
and ask Him for His forgiveness.

※

당신과 신의 관계가 틀어졌다면,
오늘이라도 당신의 태도와 생각에 대해 사과하라.
당신이 신께서 하신 일을 오해하고,
신격을 단단히 오판했음을 고백하라.
당신이 어떤 기분이었으며, 왜 그렇게 느꼈는지
구체적으로 설명드리면서 용서를 구하라.

- 브루스 윌킨슨 -

Respect yourself.
You're the best judge of what's right.

※

자신부터 존중하라.
옳고 그름을 판단할 수 있는 사람은 당신뿐이다.

- 쉐릴 리처드슨 -

Reconsider a commitment.
You have the right to change your mind.

※

'헌신'의 의미에 대해 다시 생각해 보아라.
우리는 어느 때고 우리의 마음을 바꿀 수 있는
권리가 있기 때문이다.

- 쉐릴 리처드슨 -

Have faith during inevitable conflict.
Be willing to hang in there.
You never know how something
will turn out.

※

불가피한 갈등 속에서도 믿음을 가져라.
그리고 그 믿음을 가지고 견뎌라.
후에 어떤 일이 일어날지
누구도 알지 못하기 때문이다.

– 크리스티안 노스럽 –

Acknowledge the intellectual
and creative contribution of others.
Simultaneously appreciate your own.

다른 사람들의 지적 능력과 창의성을 인정해라.
동시에 당신의 그것들도 인정할 줄 알아야 한다.

- 크리스티안 노스럽 -

Words make a powerful impact,
and they're not easily forgotten.
Wounds inflicted by words of anger
or hate can last a very long time.

※

말은 강력한 힘을 가진다.
그리고 그것은 쉽게 잊히지도 않는다.
그래서 분노나 화의 말로 생긴 상처가
오래가는 것이다.

- 브라이언 L. 와이스 -

Love others fully and with all your heart,
and do not fear, do not hold back.
The more you give,
the more will return to you.

※

온 마음을 다하여 다른 사람들을 사랑하라.
두려워하지 말고 망설이지도 마라.
당신이 더 많이 줄수록,
당신은 더 많은 것을 얻을 것이다.

– 브라이언 L. 와이스 –

How do you define "taking care of yourself?"
Create a new self-care practice today.
Observe your comfort level
when it comes to being good to yourself.
Discomfort is a wise teacher.

※

스스로를 돌본다는 것은 어떤 의미일까?
오늘부터 진짜 자신을 돌보고 가꿀 수 있는
창의적인 방법을 생각해 보자.
스스로에게 좋은 사람이 되는 것에 관해
스스로가 가장 편안하게 느끼는 수준이
어디인지 관찰해 보자.
불편함은 현명한 선생님이다.

- 캐롤라인 미스, 피터 오키오그로소 -

Practice the healing power of
a compassionate mind.
Open your heart to other people without
judgment, and radiate the message
of delight at having them in your life.

※

동정하는 마음이 얼마나 강한 치료제가 될 수 있는지
경험해 보아라.
편견을 갖지 말고 열린 마음으로 다른 사람들을 대하고
그들이 당신의 곁에 있다는 것이
정말 기쁜 일이라는 것을 알려주어라.

- 캐롤라인 미스, 피터 오키오그로소 -

Your unique creative talents and
abilities are flowing through you and are
being expressed in deeply satisfying ways.
Your creativity is always in demand.

※

당신의 독특하고 창의적인 재능과 능력이
당신을 통해 흘러 다니고 있다.
그리고 아주 만족스러운 방법으로 발산되고 있다.
많은 곳에서 당신의 그 창의적인 능력을
필요로 할 것이다.

- 루이스 L. 헤이 -

Everything in your life—every experience,
every relationship—is a mirror of the
mental pattern that's going on
inside of you.

관계, 경험 등 당신의 삶의 모든 것은
당신의 내면이 어떻게 흘러가고 있는지
보여주는 거울이다.

- 루이스 L. 헤이 -

You aren't facing death alone; God is with you.
You may be facing unemployment, but you aren't
facing unemployment alone; God is with you.
You may be facing marital struggles, but you
aren't facing them alone; God is with you.
You may be facing debt, but you aren't facing
debt alone; God is with you.
You are not alone.

※

홀로 죽음을 맞이하고 있는가? 신이 당신과 함께한다.
홀로 실직의 아픔을 겪고 있는가?
하지만 그것은 당신만 갖고 있는 문제가 아니다.
신이 당신과 함께하기 때문이다.
힘든 결혼생활로 고통받고 있는가?
신이 당신과 함께하기 때문에
이 또한 당신이 혼자 겪는 것이 아니다.
당신이 빚 때문에 힘들어할 때도 신은 당신과 함께한다.
이렇게 당신은 혼자가 아니다.

- 맥스 루케이도 -

Loneliness could be one of God's finest gifts.
If a season of solitude is God's way to teach
you to hear His song,
don't you think it's worth it?

※

외로움은 신의 가장 훌륭한 선물일지도 모른다.
고독의 계절이 사실은 신이 당신에게
자신의 노래를 들려주는 하나의 방식이라면,
그것은 고독하다기보다
오히려 가치 있는 것이 아니겠는가.

― 맥스 루케이도 ―

Trust is the essence of win-win relationships.
Because you trust others and they trust you,
you can be open; you can put your
cards on the table.
Even though you may see things differently,
you're committed to understanding
each other's viewpoints.

신뢰는 상생 관계의 본질이다.
당신이 다른 사람들을 믿으면
그들도 당신을 믿는 것이다.
숨기려 하지 말고 당신의 카드를 보여줘라.
당신이 보는 것이 그들이 보는 것과 다를지라도
그들을 이해하려고 노력하라.

- 스티븐 R. 코비 -

Taking the initiative doesn't
mean being pushy,
obnoxious, or aggressive.
It means creating an atmosphere
where others can seize opportunities
and solve problems in an
increasingly reliant way.

※

무언가를 주도적으로 한다는 것은
상대방을 밀어 붙이거나,
기분이 상하게 하는 것이 아니다.
그것은 상대방이 기회를 가지고
서로 의지하며 문제를 해결할 수 있는
환경을 만들어주는 것이다.

- 스티븐 R. 코비 -

Illness is a sign of separation from God,
and your healing lies in returning to Him.
The return to God is merely
the return to love.

※

병은 당신이 신과 떨어져 있음을 뜻하는 신호이다.
당신이 신에게 돌아갈 때 그곳에 바로 치유가 있다.
그리고 신에게 돌아간다는 것은
사랑으로 돌아감을 의미한다.

- 마리안 윌리엄슨 -

Your primary work in life is
to love and forgive.
Your secondary work is your
worldlyemployment.
The meaning of work,
whatever its form,
is that it be used to heal the world.

※

당신의 삶에서 가장 중요한 일은
사랑하고 용서하는 것이다.
그 다음으로 중요한 일은
세상에 나가 진짜 일을 하는 것이다.
그것이 세상을 치유하는 일이라면 어떤 일이든 좋다.

- 마리안 윌리엄슨 -

Pick up the pace of your life.
Add a new activity,
make a new acquain-tance,
read a new book,
or take a new course.
Move outside your everyday
mundane existence.
Add a new beat and expand
your boundaries.

※

삶의 속도를 내라.
새로운 일을 하고, 새로운 사람을 만나라.
새로운 책을 읽어보고, 새로운 공부도 해보아라.
매일의 지루한 생활에서 벗어나
삶에 활력을 주고 당신의 경계를 확장시켜라.

- 태비스 스마일리 -

The words you use to describe
others make sharp you-turns.
Your judgments, criticisms,
and compliments boomerang back to you.
What you say about others,
you're also saying about yourself.

※

다른 사람들을 설명하는 당신의 말이
당신에게 다시 돌아올 수 있다.
당신의 판단, 비난, 칭찬이
부메랑이 되어 당신에게 돌아오는 것이다.
다른 사람에 대해 하는 말이
곧 당신에 대해 설명하는 말이라는 것을 잊지 말자.

- 태비스 스마일리 -

When it comes to every financial decision
you'll make for the rest of your life,
you'll choose correctly if you go with
your first instinctual response.
That answer will always
be the right one for you,
the one that will empower
you to make money for yourself.

당신의 남은 삶을 위해 내려야 하는
모든 경제적인 결정은
본능적인 반응을 따라 내리는 것이 좋다.
당신의 결정은 당신에게 항상 옳은 것이고,
당신이 돈을 벌도록 격려하고 힘을 줄 것이다.

- 수지 오먼 -

If you want to change your financial ways,
just change.
Don't stop to analyze, or to ask why or how.
Just change.

당신의 경제적인 방식을 바꾸고 싶다면
지금 당장 시작해라.
끊임없이 분석하고,
왜, 어떻게 그런지 물어보아라.
즉시 바꿔라.

- 수지 오먼 -

How you treat people—whether it be an
old friend or a teller at the bank—is
indicative of how you can expect
people to treat you.

상대방이 오랜 친구든 은행 직원이든
당신이 그들을 대하는 방식은
당신이 어떻게 대접받길 바라는지 보여주는
거울과 같다.

- 디팩 초프라 -

When you recognize and
acknowledge your personal power,
you no longer need to feel superior
or inferior to anyone else.

당신이 가진 힘을 깨닫고 인지한다면
당신은 더 이상 다른 사람보다
우등하거나 열등하다고 느낄 필요가 없을 것이다.

- 디팩 초프라 -

Your dreams can be a "vent"
for all the negativity you've absorbed
in your waking hours.
Before you go to sleep, just ask God
what you would specifically like to
accomplish in your dreams,
and you'll be amazed at the results.

※

당신의 꿈들은 당신이 깨어 있는 동안에 흡수했던
모든 부정적인 것들의 배출구와 같다.
잠들기 전에 그 꿈들 중에 특별히 꼭 이루고 싶은 것을
신에게 구하라.
당신은 곧 그 결과에 놀랄 것이다.

- 실비아 브라운 -

There are many truths,
but the one that is universal,
constant, and unchanging is;
God is omnipotent and perfect.
Everything else is just
frosting on the cake!

세상에는 많은 진실이 있다.
하지만 그중에서도
가장 보편적이고 변하지 않은 진실은
바로 신은 전능하며 완벽하다는 것이다.
그것 외에는 모두 부차적인 것들이다.

- 실비아 브라운 -

Remember that life is very simple.
You create your experiences
by your thinking and feeling patterns.

삶은 정말 단순하다는 것을 기억해라.
당신의 생각과 느낌은 당신의 경험을 만들어낸다.

- 루이스 L. 헤이 -

In this new age of enlightenment,
you can learn to go within to
find your own savior.
Know that you are the power
you're looking for.

※

이 새로운 깨달음의 시대에서
당신은 스스로의 구원자를 찾는 방법을
배울 수 있을 것이다.
당신이 찾고 있는 그 힘이
바로 당신이라는 것을 기억해라.

- 루이스 L. 헤이 -

〈 저자 소개 〉

디팩 초프라
(Deepak Chopra)

심신의학과 인간 잠재력 개발 분야에서 세계적으로 유명한 영성 철학자이자 대체의학의 권위자이다. 인도 뉴델리에서 태어나 하버드 의대를 졸업한 그는 오랜 연구 끝에 고대 인도의 치유 과학인 아유르베다와 현대 의학을 접목시킨 '심신의학'을 창안하여 미국과 유럽에 심신의학 열풍을 불러일으켰다. 또한 동양철학과 서양의학을 한데 아우른 독창적인 건강론과 행복론으로 전 세계 수많은 독자들을 매료시켰다. '바라는 대로 이루어진다.'를 비롯하여 65권 이상의 책을 발간한 세계적인 베스트셀러 작가이기도 하다. 대표 저서로는 '죽음 이후의 삶', '풍요로운 삶을 위한 일곱 가지 지혜' 등이 있다.

수지 오먼
(Suze Orman)

미국 최고의 여성 금융 전문가이다. 메릴 린치사를 비롯한 유수의 금융회사에서 자산관리 전문가로 일해 왔으며 수지 오먼 파이낸셜 그룹의 경영자로 성공적인 경력을 기록했다. 지금까지 출간한 자산관리에 대한 다섯 권의 저서는 모두 뉴욕 타임스 베스트셀러에 올랐으며 CNBC TV에서 진행 중인 자신의 경제 자문 프로그램으로 두 차례의 에미상을 수상한 바 있다. Yahoo 개인 자산관리 칼럼의 고정 저자이기도 한 그녀는 세계적인 영향력을 자랑하는 최고의 여성 금융 전문가로 현재 사우스 플로리다에 살고 있다.

이얀라 반젠트
(Iyanla Vanzant)

인간 내면의 잠재능력과 내적 성장, 영적 치유에 대한 책을 발표한 베스트셀러 작가로, 깊은 감동을 주는 연설가로도 유명하다. 대표 저서로는 '오늘'이 있다.

셰리 카터 스콧
(Chérie Carter Scott)

세계적인 베스트셀러 작가이자 인생 컨설턴트이다.
1974년에 개인 및 기업의 발전을 지원하는 컨설팅업체 '동기관리연구소(Motivation Management Service Institute)'를 설립했다. 아메리칸 익스프레스, IBM, 버거킹 등 〈포춘〉 선정 500대 기업들 중 상당수가 저자의 자문을 받고 있다.
개인고객을 대상으로는 주로 평범한 사람들이 변화의 가능성을 발견하고 생의 지도를 다시 그릴 수 있도록 도와준다. 대표 저서로는 '인생이 게임이라면 규칙이 있다', '사랑이 게임이라면 규칙이 있다' 등 10여 권이 있다. 세계적인 베스트셀러 '영혼을 위한 닭고기 수프'의 공저자이기도 하다.

크라이언
(Kryon)

작가 리 캐럴(Lee Carroll)은 20여 년 동안 크라이언의 메시지를 채널링해왔다. 11권이 넘는 크라이언 책을 썼으며, 가장 최근에는 'Lifting the Veil: The New Energy Apocalypse'를 썼다. 그가 공저자로 참여한 '인디고 아이들'은 이 분야의 명저로 사람들의 큰 주목을 받았다. 그는 영적 동반자인 얀 토버(Jan Tober)와 함께 1991년에 '크라이언 빛의 그룹'을 시작했다. 현재 그들은 전 세계적으로 3천 명에 이르는 청중들과의 만남을 이끌고 있다. 인터넷이 처음 등장하던 당시 크라이언은 미국 온라인 역사상 최대의 뉴에이지 폴더를 형성했으며, 지금도 크라이언 사이트는 매일 2만 명이 넘는 방문객이 드나든다.

앤 윌슨 셰프

(Anne Wilson Schaef)

베스트셀러 'Meditations for Women Who Do Too Much', 'Women's Reality', 'Co-Dependence'의 저자이다. 현대 여성들이 직면하고 있는 문제와 여러 중독을 전문적으로 연구했고, 'Living in Process'라고 불리는 새로운 치유법을 개발했다. 사람들, 사회 나아가 전 세계의 새로운 패러다임을 위해 노력하고 있다.

웨인 W. 다이어

(Wayne W. Dyer)

세계적인 베스트셀러 작가이다. 가장 뛰어난 자기계발 전문가로 평가받는 심리학자다. 30여 권에 이르는 책을 썼고 수많은 강연과 TV와 라디오에 고정 출연하면서 많은 사람들에게 위안과 희망의 메시지를 전해왔다. 1976년 출간한 '행복한 이기주의자'는 전 세계적으로 1,500만 부가 판매되었다. 그는 사회와 조직 안의 '개인'을 중시하는 의식혁명을 제창하여 미국 전역에서 폭발적인 호응을 얻었고 미국 전역을 순회하며 수백만 명을 대상으로 '꿈을 이루는 법'을 강연했다. 대표 저서로는 '행복한 이기주의자', '의도의 힘' 등이 있다.

실비아 브라운
(Sylvia Browne)

48년 동안 영매(영적 상담가)로 활동해왔다. 48년간 매일 20회의 리딩(영적상담)을 해오고 있으며, 백 명도 넘는 미국 각지의 일반의 및 정신과 의사들과 협력해왔다. '어느 영매의 모험'을 낸 베스트셀러 작가이기도 하다.

태비스 스마일리
(Tavis Smiley)

세계 유명 인사들과의 대담 프로를 포함해 각종 방송 프로그램을 진행하는 방송인이자, 작가, 변호사, 자선가. 차세대 지도자들을 고무하는 데에 힘을 쏟고 있다. 「뉴욕 타임스」 베스트셀러로 선정된 회고록 '내가 확실히 아는 것'을 포함하여 총 16권의 책을 썼으며, 「뉴욕 타임스」 선정 베스트셀러 1위에 오른 '검은 미국과의 약속'을 편집하기도 했다. 2009년 미국 시사 주간지 『타임』이 발표한 '세계에서 가장 영향력 있는 100인'에 선정되었다.

마리안 윌리엄슨

(Marianne Williamson)

세계적으로 명성이 있는 영적 교사이며 '사랑으로 돌아가기', '미국의 치유', '여성의 가치' 등을 집필한 베스트셀러 작가이다. 생명을 위협하는 질병을 앓고 있는 사람들을 위한 봉사의 일환으로 다양한 자선단체를 조직했다(LA에서는 엔젤 푸드 프로젝트를 창설했다). 또한 평화의 문화를 지원하는 비영리 풀뿌리 단체인 평화연맹의 창립자이기도 하다.

스티븐 R. 코비

(Stephen R. Covey)

전 세계에서 38개 언어로 번역되어 1,500만 부 이상 판매되었으며, '20세기에 가장 큰 영향을 끼친 비즈니스 서적'의 하나로 선정된 '성공하는 사람들의 7가지 습관'의 저자이다. 그는 세계적으로 존경받는 리더십의 권위자이며 조직개발 컨설턴트이다. 〈타임지〉에서 '미국에서 가장 영향력 있는 25명' 가운데 한 사람으로 선정되었고 여러 개의 명예 박사학위를 받았다. '성공하는 사람들의 7가지 습관' 외에도 '성공하는 사람들의 8번째 습관', '소중한 것을 먼저 하라', '원칙중심의 리더십' 등의 저서가 있다.

도린 버추

(Doreen Virtue)

상담심리학 박사다. 세계를 돌며 천사들에 대한 강연을 할 때 크리스탈 아이들을 처음 알았으며, 그로부터 몇 년간 'The Care and Feeding of Indigo Children'을 펴내기 위해 아이들과 부모들을 인터뷰하면서 크리스탈 아이들의 분명한 패턴을 발견했다. 이 책을 위해 이 비범한 아이들을 양육하고 가르치는 사람들이 보내온 수많은 이야기를 검토했다. 엔젤 테라피(Angel Therapy)와 관련하여 20여 권의 저서를 펴냈으며, 전 세계를 무대로 강연하고 있다. 대표 저서로는 베스트셀러인 '천사로부터 온 메시지' 등 다수가 있다.

돈 미겔 루이스

(Don Miguel Ruiz)

1952년 멕시코의 영적 치료사 가문에서 태어나, 치료사인 어머니와 '나구알'이라 불리는 영적 스승인 할아버지 손에서 자랐다. 돈 미겔 루이스는 '독수리 기사단' 가문의 나구알로서 최근 15년 동안 저술, 강연회, 수련지도 등을 통해 고대 톨텍의 지혜를 세상 사람들에게 나누는 데 헌신하고 있다. 지은 책으로 5년 연속 미국 아마존 논픽션 부문 베스트셀러 10위권을 유지한 이 책을 비롯하여 '다섯 번째 약속', '네 가지 약속 자매편', 인간관계에 대한 빛나는 통찰을 보여주는 '사랑의 정복' 등이 있다.

캐롤라인 미스

(Caroline Myss)

직관 의학과 인간 의식 분야의 개척자이며 세계적인 강연가이다. 1982년 이래 직관을 이용해서 환자의 몸속에 있는 질병을 '보는' 사람, 즉 의학적 직관력을 가진 사람으로 활약해왔다. 특히 몸이 병든 원인을 감정과 심리, 신체의 상관관계를 통해 종합적으로 이해하도록 도와준다.

피터 오키오그로소
(Peter Occhiogrosso)

캐롤라인 미스와 함께 영적 치유를 위한 힐링 카드를 개발했다.

브라이언 L. 와이스
(Brian L. Weiss)

1994년 국내에 소개된 '나는 환생을 믿지 않았다'를 통해 '전생 신드롬'의 단초를 제공한 미국의 저명한 정신과 의사이다. 환자로 하여금 최면 상태에서 전생의 기억을 떠올리게 함으로써 일반적인 치료법으로는 잘 낫지 않는 다양한 육체적·정신적 증상을 치료하는 전생퇴행요법(past-life regression therapy)을 소개하고 있는 그의 책은 1996년 '전생여행'을 출간한 김영우 원장을 비롯한 국내의 정신과의사들에게 커다란 영향을 끼쳤다.

크리스티안 노스럽

(Christiane Northrup)

전 세계 여성들이 가장 신뢰하는 여성 건강 전문의. 의학 박사이자 심신의학 권위자로서 미국 심신의학협회 회장을 역임했다. 다트머스 의과대학을 졸업하고 터프츠 뉴잉글랜드 메디컬센터에서 일했다. 의사로서, 그리고 한 여성이자 엄마로서, 여성의 건강과 삶에 대해 깊이 고민하고 연구하다가 기존 서구 의학의 한계를 절감하고 마침내 1986년 새로운 개념의 여성건강센터 '여성 대 여성(Women to women)'을 창설했다. '여성의 몸 여성의 지혜', '폐경기 여성의 몸 여성의 지혜'로 세계적인 베스트셀러 작가가 되었으며, 그녀의 저서는 '오프라 윈프리 쇼', '투데이 쇼', '굿모닝 아메리카'를 비롯한 여러 유명 TV 프로그램에 소개되기도 했다.

키스 D. 해럴

(Keith D. Harrell)

동기 부여 전문가이다. IBM에서 13년간 재직하면서 최고의 교육 담당으로 인정받았으며, 현재 인기 있는 기업체 강사이자 컨설턴트이다. 그는 스스로 회사 생활을 하면서, 그리고 이후에는 프리랜서로 일하면서 어떻게 태도가 행동으로 전환되는지에 대한 방법론을 개발하였다. 현재 그의 고객으로는 IBM, 마이크로소프트, 코카콜라, 모토롤라, GM, 매리어트 호텔, 보잉, AT&T 등이 있으며, 개인적, 직업적 잠재력을 최대한으로 발휘할 수 있도록 도와주는 컨설턴팅을 수행하고 있다.

쉐릴 리처드슨
(Cheryl Richardson)

미국에서 가장 인기 있는 인생 상담자이다. 그녀의 프로그램은 인생을 즐기면서 성공하는 방법을 제시한다. 국제 코치 연맹의 초대 회장이기도 한 그녀는 전 세계 수많은 잡지와 신문에 기고함은 물론 TV 토크쇼, CBS 아침 방송에 출연하여 인기몰이를 하고 있다. 특히 미국의 가장 오래된 인기 프로 '도나휴'에 출연, 신선한 강연으로 시청자를 매료시켰다.

브루스 윌킨슨
(Bruce Wilkinson)

국제적인 사역 단체 WTB(Walk Thru the Bible Ministries)의 설립자이자, 하나님께 나아가는 기도의 중요성을 일깨워 주었던 「야베스의 기도(The Prayer of Jabez)」의 저자이며 전 세계적으로 널리 알려진 성경교사다. 그는 신흠정역(NKJV) 성경의 개관 위원과 오픈 성경(Open Bible)의 성경 개관을 저술한 바 있으며, 많은 기독교 잡지의 발행인이자 책임 편집자로 일했다. 주요 저서로는 '포도나무의 비밀', '하나님이 상주시는 삶', '한눈에 보는 성경' 등이 있다.

다니엘 레빈
(Daniel Levin)

'빌리버(The Believer)지' 서평 편집자이자 프랑스의 실험적 문학동인 울리포(OuLiPo)의 최연소 회원이다. 2012년 하버드 대학 출판부에서 첫 저작 '다수의 미묘한 채널: 문학일 가능성이 있는 문학에 대한 찬양(Many

Subtle Channels: In Praise of Potential Literature)' 이 출간되었다.

맥스 루케이도
(Max Lucado)

Abilene Christian 대학을 졸업하였으며 본래 변호사가 되고자 했으나 성경 연구 코스를 수강하고 사역자로 그의 삶의 방향을 수정하게 되었다. 이후 플로리다 마이애미에서 교회의 목사가 되었으며 그룹 성경공부를 지도하고 교회의 소식지에 칼럼을 쓰게 되었고 칼럼을 엮어 On the Anvil을 출간하였다. 그가 쓴 '예수님처럼'은 1년 이상 심혈을 기울여 집필한 그의 대표작이다. 그 밖에 '주와 같이 길가는 것', '예수가 선택한 십자가', '하나님이 빚으시는 사람' 등의 저서가 있다.

아브라함 힉스
(Abraham Hicks)

에스더 위버에서 태어나 에스더 힉스(Esther Hicks)로도 불림. 1986년부터 '끌어당김의 법칙'을 바탕으로 한 정기 워크숍을 통해서 돈, 건강, 인간관계 등 살아가면서 누구나 가지고 있는 인생의 주요한 문제들에 대해 아주 실제적이고 구체적인 해법들을 제시해왔다. 그들은 자신들을 '아브라함'이라고 불리는 영적 스승들에게 인생의 문제들과 온갖 의문들에 대하여 질문하였고 그에 대한 대답을 자신들의 삶에 적용하여 성공적인 결과를 얻게 되었다.

존 그레이
(John Gray)

'화성에서 온 남자 금성에서 온 여자'를 비롯한 15권의 베스트셀러를 썼고, 남녀의 차이를 화성과 금성이라는 명징한 비유로 풀어내 세계적인 명성을 얻었다. 30여 년 동안 부부관계 상담소를 운영하며 인간관계 세미나를 열었고, 저술, 강연, 상담 등 활발한 활동을 통해 바람직한 사랑의 비전을 제시하는 데 힘쓰고 있다. 전 세계에서 1,000만 부가 넘게 팔린 '화성에서 온 남자 금성에서 온 여자'를 비롯해 10여 권의 저서가 있다.

줄리 모건스턴
(Julie Morgenstern)

미국 최고의 시간, 공간관리 전문가이자 언론인 겸 작가, 공간관리 컨설팅 회사인 태스크 마스터스의 설립자이다. 잡지 'O', '뉴욕타임스', '월스트리트 저널', '시카고 트리뷴', '코스모폴리탄' 등의 잡지에 글을 싣고 있으며, 또한 오프라 윈프리 쇼, 투데이 쇼, 굿모닝 아메리카, ABC 월드 뉴스 나우 등 방송매체에서도 활약하고 있다. 저서로는 '내 인생을 확 바꾸는 공간 마법사' 등이 있다.

레온 낵슨
(Leon Nacson)

호주의 자기 계발 분야 선구자이다. 베스트셀러 'A Stream of

Dreams', 'Interpreting Dreams A-Z', 'Dream Journal' 의 저자이며 국제적 언론 및 TV, 라디오 등 다양한 방송 매체에서 활약하고 있다. 지난 20년간 호주에서 열리는 Hay House의 모든 행사의 조력자로 활동했으며 호주 작가 최초로 'You Can Heal Your Life' 다큐멘터리에 출현하기도 했다.

루이스 L. 헤이
(Louise L. Hay)

심리적, 영적 문제를 다루는 저명한 강사이자 교사이며 베스트셀러 작가이다. 아울러 영적 영감과 지혜를 주는 책과 비디오를 출판하는 헤이하우스의 설립자이자 발행인이기도 하다. 그녀의 책은 35개국 29개의 언어로 번역 출간되었으며, 책이 출간된 이래 지금까지 세계 곳곳에서 감사의 편지가 끊이지 않고 있다. 대표 저서로는 '치유', '삶에 기적이 필요할 때' 등이 있다.

긍정의 생각 한 줄

초판 1쇄 발행 ‖ 2018년 10월 1일

지은이 ‖ 루이스 L. 헤이와 친구들
옮긴이 ‖ 김정우
펴낸이 ‖ 김종호
펴낸곳 ‖ 밀라그로
주 소 ‖ 경기도 고양시 일산동구 백석2동 1456-5
전 화 ‖ 031) 907-9702 FAX ‖ 031) 907-9703
E-mail ‖ milagrobook@naver.com
등 록 ‖ 2016년 1월 20일(제2016-000019호)

ISBN ‖ 979-11-87732-15-0 (02840)

* 책값은 뒤표지에 있습니다.
* 잘못 만들어진 책은 구입하신 곳에서 바꾸어 드립니다.
* 밀라그로는 경성라인의 자회사입니다.
* 이 책은 매일 읽는 긍정의 생각 한 줄 개정판입니다.